乱世中的君子

赵老师讲《论语》故事

赵杏根　编著

上海教育出版社
SHANGHAI EDUCATIONAL
PUBLISHING HOUSE

前言

　　《论语》是孔子的弟子和再传弟子等所编，记载孔子及其弟子的言行，其中"言"又远远地多于"行"，且绝大部分篇幅短小，所以，后人称之为"语录体散文"。其中典型的"故事"不多。

　　本书所收故事，除了开头几个关于孔子的姓氏、家世、家庭、生平等的外，其余都属于以下范围：一、《论语》中所记载的故事；二、《论语》相关文本的背景故事；三、《论语》相关文本涉及的历史典故；四、和《论语》文本相关的孔子及其弟子的故事；五、和《论语》文本所阐发的思想相关的历史故事，但此类故事的背景必须在孔子及其弟子生活的年代，或者此前，以见孔子的相关思想可能的产生契机和这种思想在当时直接的影响。

　　在以上所述范围中，笔者再行取舍。取舍的标准是，这些故事的内容，必须适合现代读者，特别是青少年。凡是思想内容腐朽的、落后的故事，以及有迷信等内容的故事，一概不入。

本书所收故事，几乎都本于先秦两汉古籍。因为某些故事往往有情节大致相同的不同版本，所以，笔者在编写的过程中，对这些不同的记载作了取舍、剪辑、移植，尽可能地整理出符合事实或逻辑、体现《论语》相关文本所表达的思想，且具有完整、丰富、生动情节的故事，不作情节的虚构。为了能够流畅地叙述故事，本书一般不列出作为故事各种版本的文献出处，也不作事实的考辨。

必须说明的是，本书尽管以"故事"为名，但是，事实上，内容不仅是叙述故事而已。如果是和《论语》中文本思想相关的故事，本书除了叙述故事本身外，还会就其相关文本所阐发的思想以及该故事的主题或情节作适当的阐述和评论，将文本和故事相互印证，引导读者能够因此而"以事明道"或者"因道论事"，提高分析问题的能力。

除了本书开头几个故事外，其余的故事，都按照与之相关的《论语》中篇章所在位置的先后排列，相关篇章不止一章的，按照最前面一章的位置排列，或按照其中最主要的一章的位置排列。

编写本书的宗旨，是帮助读者通过这些生动的故事了解孔子及其弟子，以及他们的时代，进而更容易地、准确地、深入地把握《论语》中各章的思想以及古人相关的修身齐家、治国平天下的实践。实际上，本书就是学习《论语》的辅助读物。

　　顺便说一下，我虽已在大学中和社会上讲授《论语》近 30 年，但在撰写本书的过程中，对《论语》中一些章节乃至相关的思想观点的理解，也有不少完善和加深之处。

赵杏根

2023 年 6 月初稿

2024 年 8 月定稿

目录

CONTENTS

孔子是商朝王室的后代

　　商朝的始祖，也就是第一个祖宗，名字叫契，他的出生非常神奇。《诗经·商颂·玄鸟》有"天命玄鸟，降而生商"的故事。

　　当时有个部落，叫有娀（sōng）氏。这个部落有个姑娘，叫简狄。据古籍记载，某日，简狄和三个女伴一起在河里洗澡，天上飞过一只黑色的鸟。这鸟生下一个蛋来，简狄接住了。大概是没有地方放，她就放在嘴里，谁知一不小心吞了下去。于是，她就怀孕了，生下一个男孩，这就是契。

契长大后，协助大禹治水有功，舜于是任命他为司徒，掌管教化社会方面的事务，并且把商地作为他的封地，赐他为"子"氏。姓和氏，本来是有区别的，同一个姓，有不同的氏，用以区别同姓中的不同支派。为什么赐他为子氏呢？因为他是他母亲吞了鸟蛋后生下的，蛋也被称为"子"。例如，鸡蛋，也被称为鸡子。后世，姓氏不再区别，在司马迁的《史记》中，姓氏就不作区分了。例如，司马迁说汉高祖"姓刘氏"，说项羽家族"姓项氏"就是例证。所以，今天我们说契姓子，也是可以的。

契的子孙发展壮大，到一个叫履的人当首领的时候，时机成熟，履就取代夏朝的末代天子夏桀，成了天子，建立了商朝。履的其他的名字或称呼，有汤、商汤、成汤、天乙、大乙等。商朝天子的位子就由他的子孙一代代传下去。商朝最后一个天子，就是著名的商纣王。商纣王长得很高大，能力很强，但喜欢胡作非为，天下被他折腾得一塌糊涂。周武王伐纣，商纣王身死国亡，商朝灭亡。

在当时，没有封地的人，是不能祭祀祖宗的。商朝出现过不少很好的天子，开国君主汤，被纳入所谓"尧舜禹汤"的并称，更是被儒家奉为圣人，况且还有个契，他们怎么能没有人祭祀呢？但周武王的弟弟周公旦主持朝政的时候，平定了商朝贵族残余势力的造反，纣的儿子武庚，因为领导这次造反，被周公旦下令杀了。所以周公旦就让商纣王的哥哥微子统领商朝遗留下来的贵族，把宋地（今河南商丘）封给了微子，让他负责祭祀他们的列祖列宗。周公旦把宋地封给微子，其中还有一个原因，因为那里本来就是契的封地。历史很有趣，商这个族群，起起落落一千多年，经历了多少风风雨雨，多少荣耀与哀伤，这时又回到了始祖的封地。

就这样，微子成了周朝的诸侯国宋国的第一个国君。微子年龄比商纣王大，但是，他的母亲当时地位不高，所以，在商朝的时候，他没有能够继承天子之位，只是被封在一个叫微的地方，也就是现在的山西省长治市潞城区东北一带。他在商朝的爵位是子爵，所以叫微子，他的名字，其实叫启。此后，宋国的国君，就由微子的子子孙孙担任。

宋国有一个叫孔父嘉的人，是国君宋湣公的五世孙，因此也叫"公孙嘉"。按照当时的礼法，五世亲尽，五代人之外，就不算亲族了。公孙嘉的子孙，就不能算和当时宋国的公室，也就是宋国君主的家族，是同一个亲族的了，必须别立一个氏。于是，他们就将原来的姓氏"子"，加上成汤的字"天乙"的"乙"，合成一个"孔"，以此作为姓氏，"公孙嘉"就成了"孔父嘉"。古书上，"公孙嘉"和"孔父嘉"，是同一个人。因此，"孔父嘉"的"孔"，就是这样来的。

这个"孔父嘉"，就是孔子家族的祖先。

孔家被迫迁居鲁国

现在，说起孔子，大家都知道，他是春秋时鲁国人，出生在曲阜，也就是今天山东省的曲阜市。可是，孔子的祖先孔父嘉，或者说公孙嘉，不是宋国的贵族，在宋国当着大官吗？宋国的故地，在今天的河南省。那么，作为孔父嘉的后代，孔子家族怎么会在山东曲阜呢？这里当然是有故事的。

当时，孔父嘉在宋国当大司马（相当于国防部长）。他的妻子长得非常漂亮，某次出门，她在路上被宋国太宰（相当于宰相）华督见到了。华督惊艳，盯着孔父嘉的妻子，两眼放光。不久，华督把战乱频繁的责任归到大司马孔父嘉的头上，以此为借口，发兵攻杀了孔父嘉，抢了他的妻子。

宋国国君殇公知道后，大怒，觉得华督实在过分了。华督知道了，不禁害怕起来，觉得这国君对他来说也是个威胁。于是，他一不做二不休，索性连殇公也杀了，另立了一个国君，这就是宋庄公。

孔父嘉的儿子叫木金父，木金父生睾夷，睾夷生防叔。防叔生活的年代，尽管华督已经死了，但是，宋国的朝政还是掌握在华督的子孙手里，这对防叔非常不利。为了躲避华家的权势，防叔逃亡到鲁国，数传而生孔子。所以，孔子就成了鲁国人。

孔子的家庭

孔父嘉的后代防叔迁居到鲁国后，生了儿子伯夏。在鲁国，防叔和伯夏的身份都是"士"。伯夏生了个儿子，叫叔梁纥（hé）。

叔梁纥，姓氏当然是孔，名纥，字叔梁，一般称为叔梁纥。叔梁纥身材高大，勇武绝伦，是鲁国有名的勇士，曾因立了战功，任陬（zōu）邑（故地在今山东曲阜东南）大夫。他先是娶了鲁国的施氏女子，生了九个女儿。他的妾为他生了儿子孟皮，但孟皮的腿有毛病。

施氏去世后，已经上了年纪的叔梁纥就求婚于鲁国颜家。颜家有三个女儿，最小的叫徵（zhēng）在。

颜父问三个女儿："陬大夫叔梁纥来求婚。尽管他的父亲和祖父为士，但他们是商汤这样的圣王的后代。叔梁纥本人，身长十尺，武力绝伦。我很看好他，很想让他做我的女婿。尽管他年纪稍微大了一些，性格严肃，似乎没有什么情趣，但这些都不是什么大缺点。你们三个，谁愿意当他的妻子？"

老大和老二都默然不应。

颜徵在见两个姐姐如此，老父亲很尴尬，就说："我听父亲的，父亲不必问了。"

颜父很高兴，说："那么，就你嫁给他吧。"

就这样，叔梁纥和颜徵在结婚了。婚后，颜徵在因为丈夫年纪大了，担心不能生孩子，就和丈夫一起，到曲阜尼丘山求子。此后，他们生下了一个男孩。他们给这男孩取名为"丘"，字"仲尼"。"仲"表示排行第二，因为这男孩还有个同父异母的哥哥孟皮。"丘""尼"这两个字，都来源于尼丘山的山名。当然，这个男孩，就是孔子。

孔家"宋国贵族后代"的身份，在鲁国没有什么用处。尽管叔梁纥立了些战功，也担任邑大夫的职务，但孔家算不上富贵显赫。

孔子出生没有几年——有的书上说是三年——他父亲就去世了，葬在鲁国一个叫防的地方。

叔梁纥去世后，孔家的境况就更加不如以前了。《史记·孔子世家》称孔子"贫且贱"，孔子也自称"吾少也贱"。当时实实在在地讲"拼爹"，可是，孔子的爹死得早，还怎么去和人家"拼"？到这样的地步，还怎么个"拼"法？

孔子毕竟是贵族后代，继承了贵族重视文化的良好传统。鲁国是周公封地，文化气氛很浓。在这样的文化氛围中，作为贵族后代的孔子，自然受到了强烈的熏陶。他儿时做游戏，就常常拟习礼仪。稍微年长一些，孔子一边谋生，一边刻苦自学。他当过委吏（相当于小秘书），管理过牛羊，保管过仓库，样样都干得不错。"礼乐射御书数"六艺，他艺艺在行。

孔子十九岁的时候，和宋国亓（qí）官氏家族的一位姑娘结了婚。一年后，他们有了个儿子。这个孩子出生的时候，正好鲁国国君赐给孔子一条鲤鱼，年轻的孔子当然觉得非常光荣，就给儿子取名为"鲤"，字"伯鱼"。

孔鲤五十岁的时候去世，当时，孔子还在世。

孔鲤的儿子，名叫"伋"，字"子思"。子思的一个学生，后来成了孟子的老师。

孔子去世

《论语》中，记载孔子患病的，有两章。《论语·述而》第 35 章说，某次，孔子患了病，子路请求为他祷告。孔子说："这样做，有根据吗？"子路回答说："有，《诔》上说：'我为您向天上天下的神祇祷告。'"孔子说："我已经祷告很久了。"

若天地无神灵，则祷告与不祷告都一样；若天地有神灵，则孔子平日言行皆光明磊落，"苟有过，人必知之"，人尚且知之，何况天地神灵呢？且孔子过而能改，天地神灵亦必知之，所以孔子说"丘之祷也久矣"。

还有一次，《论语·子罕》第 12 章中，孔子生病，子路派他的学生为孔子当家臣。孔子病稍痊愈，说："仲由骗我已经很久啦！没有家臣成了有家臣，我欺骗谁呢？欺骗天吗？与其由家臣来给我办丧事，我宁可让你们几位学生给我办丧事嘛！况且，我纵然不能得到隆重的葬礼，难道会死在路边吗？"

礼规定，居高位者有家臣。当时孔子已经没有官位，自然也没有家臣。子路见孔子年迈且病重，便让门人做他的家臣，准备为他隆重治丧。孔子病稍愈，知道了，责备子路此举，说让他变无家臣为有家臣，是陷他于僭礼，陷他于不诚，甚而"欺天"。他表示自己绝不需要家臣，与其让家臣送终，不如就让弟子送终。纵不得隆重的葬礼，也不至于抛尸道旁。孔子之守礼守诚，至死不衰。

孔子这两次生病，尽管似乎都比较严重，可是，后来都痊愈了。因为他两次生病都得到了子路的照料，而子路是在孔子生前战死的，所以孔子不可能在子路还活着的时候去世。

后来，一天早晨，孔子起床后，把手放在身后，拖着一根手杖，在门口信步闲走，从容淡定，一边轻声唱道："泰山其颓乎！梁木其坏乎！哲人其萎乎！"

子贡听到了，心里想道："泰山倒了，我敬仰什么呢？梁木坏了，我靠什么庇护呢？哲人凋谢了，我学习谁呢？老先生准是病了。"于是，他赶快扶着孔子进屋。

孔子叹道："端木赐啊，你到这个时候才来！昨天夜里，我梦见自己坐在两根大柱子之间接受人家的祭奠。夏人的风俗，死者殡于东阶之上接受祭奠；殷人（也就是商人）的风俗，死者殡于两楹之间接受祭奠；周人的风俗，死者殡于西阶之上接受祭奠。我是殷人的后代。从这样的梦来看，我大概就要去世了。天下没有圣明的君主，谁能实践我治理天下的学说呢？这是我最大的遗憾。"

此后，孔子就病倒了，卧床不起。七天之后，孔子去世，时年七十二岁。

后来，"泰山其颓"成了哀悼有名望人物的常用语，"哲人其萎"成了哀悼有成就的文化人的常用语，甚至一些挽幛就直接用这两个现成的词语。

当时鲁国的国君鲁哀公作诔哀悼孔子，有"昊天不吊，不整遗一老，俾屏余一人以在位。茕茕余在疚，於乎哀哉"云云，大意是说："苍天一点儿也不怜悯我啊，怎么连一个老顾问都不给我留下啊！让我独自治理这个国家，连商量事情的人也没有啊！孤独的我好伤心啊！"后来，"昊天不吊"也成了表达哀悼的常用语。

子贡知道了，就表达不满："老先生难道不是死在鲁国的吗？堂堂国君，老先生生前不能任用，现在老先生去世了，倒来表达痛惜、表达哀悼了。谁信他说的是真话呢？"

孔子的葬礼结束后，子贡、子游、子张、子夏、有若等几个和孔子关系最为密切的学生，在孔子墓地附近建造了房子，住了三年。三年期满，他们收拾行李，准备回家。动身之前，他们进屋向大师兄子贡作揖告别，大家相向痛哭失声，然后才回家。子贡回家后，又返回孔子的墓地，在那里造了房子，又住了三年，然后回去。

他们实在太想念孔子了，觉得孔子去世后，他们缺少了主心骨和凝聚力。子夏、子张、子游觉得有若长得像孔子，于是建议大家此后像对待孔子那样对待有若。可是，他们征求曾参意见的时候，曾参坚决反对，说孔子是不可超越的，也是不可替代的。于是，子夏他们只好作罢。

后来，不管在什么场合，面对什么人，孔门弟子都很维护孔子的声誉，表达对孔子最为崇高的敬仰。

《论语·子张》第 23 章中，叔孙武叔在上朝时对大夫们说："子贡胜过仲尼。"子服景伯将这话告诉了子贡。子贡说："譬如宫墙，我的墙只是到肩膀一样高，人们在外面能窥见墙内屋舍之美。孔子的墙高达数仞，找不到门进去，就看不见里面宗庙之美，百官之盛。能找到门的人也许很少。老先生这样说，不也是很自然的吗！"

《论语·子张》第 24 章中，叔孙武叔诋毁孔子，孔门弟子和孔子的崇拜者着急了。子贡说："大家不要以此为患。仲尼是无法诋毁的。别的贤者像丘陵，还是可以逾越的；仲尼是日月，是无法逾越的。即使有人想自动断绝与日月的关系，这对日月又有什么损害呢？这只能大大地表现出他的不自量！"

《论语·子张》第 25 章中，陈子禽对子贡说："你很谦虚，总是夸耀你的老师仲尼，而不谈你自己。仲尼之贤，难道能超过你吗？"子贡说："君子有时因为说了一句话，被人认为是智者；有时因为说了一句话，被认为是不智，因此，说话不可以不谨慎。孔子之不可及，就像天不可以一步步地攀登一样。孔子如果有机会治理一个诸侯国或大夫的封邑，就能做到人们所说的使它兴起就兴起，引导它发展就发展，安抚人民人民就来归附，鼓动上下就上下相和。他活着的时候，莫不尊敬，他死后莫不哀悼。我怎么能及得上他呢？"

孝悌之人不会犯上作乱吗？

《论语·学而》第 2 章中，孔子的学生有子说："其为人也孝弟（通"悌"），而好犯上者，鲜矣；不好犯上，而好作乱者，未之有也。"意思是，有子说："为人笃行孝悌而喜欢冒犯上级的人是极少的；不喜欢冒犯上级而喜欢作乱的人，从未有过。"

孝悌当然是家庭范围内的道德规范，出了家庭这个范围，孝悌这些概念，就不能用了。犯上、作乱，当然是远远超越家庭范围的，是在社会的层面了。可是，这一章中，孝和悌，这两个家庭范围内的道德规范，被与广阔的社会生活联系了起来。那么，这又是为什么呢？

春秋时期，是贵族政治向官僚政治转化的时期。在贵族政治的格局下，官员哪里来？父亲老了，儿子干；儿子干不动了，孙子干。官僚政治，就不一样了，选拔谁来当官的问题，就凸显出来了。选拔什么样的人来当官呢？

国君选拔臣子，总是要选忠于自己的；上级提拔下级，总要提拔顺从自己的。如果一个人，他没有做过官，你凭什么知道他做官后会是个忠臣，会服从上级？怎么看？怎么检验他？据说，就看他孝悌做得好不好。古人相信，一个孝子，出来做官后，会是个忠臣，因为他会把在家里对父母长辈的孝，移作在国家范围内对国君的忠。这就叫"移孝作忠"。大家可能听到过这样的说法，叫"求忠臣于孝子之门"，就是这个道理。同样，古人认为，在家里顺从兄长的人，做官后，就会顺从上级，不会冒犯上级，这叫作"移悌作顺"，将在家里对兄长的顺从，移作对上级的顺从。这些，都是由孝悌之人不会犯上作乱的道理延伸出来的理论和具体做法。

这似乎有些道理。农民要买一匹马耕地、拉车、拉磨，当然最好买一匹已经被驯服的马。如果买了一匹刚从大草原上捕获的野马，就不能马上使用，还要费力驯服才行，而且是不是能够驯服，还不一定呢。对统治者来说，孝悌之人，就相当于已经被驯服的马，把他们效力的对象从家庭改为社会，就相当于已经被驯服的马换了主人而已。这道理似乎很简单，不难理解。

可是，笃行孝悌之人果真不会犯上作乱吗？未必！商汤、周武王，他们在孝悌方面做得怎么样？他们是儒家推崇的圣人，孝悌方面，当然应该做得好啊！他们不是照样起兵造反吗？否则，商王朝和周王朝怎么会建立？他们和他们的贵族们，富贵荣华哪里来啊？

鲁国的实力派贵族"三桓"，也就是季孙氏、孟孙氏和叔孙氏三个大夫家族，他们都是鲁桓公的后代，所以合称"三桓"。但是，他们常常侵犯鲁国国君的利益，"犯上"几乎是一贯的，有时候甚至"作乱"。

那么，"三桓"在孝的方面，做得怎么样？别的不说，他们是如此地孝敬祖先，以至于祭祀祖先的时候，使用大大超过规格的标准。《论语·八佾（yì）》中就有这些记载，那么，他们的孝心和孝行，也是历史事实吧？

　　封建时代，礼乐都是有规定的。有些礼乐，只有天子才能用。鲁国是周公的封地，周公有大功于周王室，因此，周成王给了鲁国的国君一个特权，就是可以用天子的礼乐。

　　周天子祭祀祖先的时候，以《雍》这个乐歌结束祭礼，即在《雍》的乐歌声中完成祭礼并收拾祭品祭具，也就是以《雍》作为祭礼的尾声。《雍》是《诗·周颂》篇名。《周颂》是周王室祭礼宗庙的乐歌。可是，"三桓"祭祀祖先，竟然也是如此！《论语·八佾》的第2章中，孔子对此作了嘲讽。祭祀祖先，这当然是表达孝的行为。可见，这三家也是讲究"孝"的。可是，他们在以祭祀表达孝的时候，却擅自用了只有天子或在天子特许下才能用的乐歌，这在当时以及后来的历代封建王朝，都是地地道道的"犯上"行为！

八佾是一种大型团体舞蹈,表演者分八行,每行八人。这样的团体舞蹈,在当时,只有天子和鲁国国君才能享用,但是,《论语·八佾》第1章中,季孙氏就在家里享用。孔子气得大叫"是可忍也,孰不可忍也?"季孙氏这样的行为,当然也是"犯上"了。

"三桓"中的孟孙氏,有个子弟,名何忌,去世后,人们也叫他孟懿子。他是孔子的学生,还曾经向孔子单独请教过关于"孝"的道理。孔子告诉他,行孝必须在"礼"所规定的范围内。可是,他掌握家族大权后,还是和前任一样,仍然我行我素。

鲁昭公二十五年(前517年),被"三桓"欺负得忍无可忍的鲁昭公,在郈(Hòu)昭伯的怂恿下,讨伐季孙氏家族,把季孙氏家族的首脑季平子围困在高台上。季平子求和,鲁昭公不答应。这时,孟懿子联合叔孙氏,进攻鲁昭公的武装人员,把季平子救了出来。包括孟懿子在内的"三桓",这就是名副其实的"作乱"了。

即使仅仅就《论语》中看,讲究"孝悌"但又"犯上作乱"的人,也不仅仅是孟懿子等"三桓"而已。历史上,这样的人就更加多了,翻开二十五史中的任何一部,这样的例证都很多。古代小说中,这样的人也不少。

可见,说孝悌之人不会犯上作乱,是不符合历史事实的。毕竟,家庭是家庭,家族是家族,社会是社会,范围各不相同。在一个范围内表现好的人,在另一个范围内的表现未必好。在不同的范围内,人们的角色不同,评价标准也不同。更何况,很多人的"爱的半径",仅仅是最近的血缘而已!爱父母、爱兄弟姐妹的人,未必爱其他的人,为了父母和兄弟姐妹的利益,损害他人的利益、社会的利益,这样的人,也是有的。这尽管令人遗憾,令人沮丧,却是事实。

治国之道

《论语·学而》第 5 章中，孔子说："道千乘（shèng）之国：敬事而信，节用而爱人，使民以时。"意思是说，"治理一个千乘之国，应该做到：办事敬业并且实事求是，节省用度并且关爱百姓，在合适的时候使用民力"。千乘之国，指当时中等的诸侯国。乘，量词，一辆战车配备四个战士，为一乘。当时是春秋末期，还没有万乘之国。到战国时期，那几个大的诸侯国，就都是万乘之国了。

"敬事"与今人常说的"敬业"相近，即全身心投入所做的事情，自始至终，谨慎勤勉，毫不马虎，毫不懈怠。"信"是一种道德规范，指值得信任，真诚笃实。"节用"也就是节省开支，反对奢侈，杜绝浪费。"爱人"这一条是最难做到的。"爱人"，不仅仅是爱民，文武百官、贵族贵戚都要爱，当然，还包括国君自己。"使民以时"，就是要在合适的时间内使用民力。修宫殿，修陵墓不用说，即使是最应该做的事情，例如，修水利设施、修桥、修路等，也应该在合适的时间进行。例如，就江南来说，芒种季节，就不能征用农民去做任何耗费时间的事情，因为那正是夏收夏种的大忙时节。如果错过了这个季节，该收割的麦子来不及收割，该插的秧苗没有及时插，后果如何，也就不难推测了。

这一章讲治国之道，其实，不仅是治国，所有的社会治理，甚至管理一个单位，乃至治家、立身，都是如此。当然，所负责任越大的人，这些品质所产生的影响也就越大。

在社会管理的实践中，这几条常常是结合在一起的。古代有不少综合体现这几条的故事。见下文。

哀公问政于孔子

有一天，鲁哀公向孔子请教如何为政。孔子说："为政最要紧的，是要让百姓既富有又长寿。"

哀公进一步问："怎么样让百姓既富有又长寿呢？"

孔子回答："尽量减少使用劳役，减轻他们的赋税负担，百姓就能够富裕起来。切实推行文化、礼法教化，使百姓远离罪过和疾病，百姓就能够长寿了。"

哀公听了，犹豫起来："我如果按照你说的去做，我们政府，恐怕就变得贫穷了。"

这样的担心，也是有道理的。减少百姓的劳役，那么，很多必要的政府工程就没有足够的免费劳役来完成了，政府就得花钱雇佣劳动力来完成这些工程，政府开支就会因此大幅度增加。减轻百姓的赋税负担，政府的赋税收入就相应地减少了。对百姓进行文化等方面的教育，政府也是要耗费财政支出的。这样说来，孔子这些建议，如果实行，哀公的政府就会变穷！哀公能不担心吗？

孔子说："《诗经》中说：'恺悌君子，民之父母。'儿子富有而父母贫穷，世界上哪有这样的事情？同样，百姓富有而政府、国君贫穷，这也是不可能的。"

百姓安居乐业，受教育程度高，劳役又少，人民集中力量进行生产，社会生产率大幅度提高，赋税即使轻，赋税的总量也会大幅度上升，政府和君主，不是也都富了？还有，百姓接受了教育，文明程度提高了，文化修养改善了，为非作歹的人大大减少，社会治理的成本大幅度降低，政府在这方面的开支少了，相应地，钱就增加了啊！这些都是很浅显的道理，鲁哀公们，怎么就不明白呢？

叔向谏晋平公

相传晋平公想在春天筑一个高台，供他和其他贵族登高望远欣赏美景。

贤臣叔向知道了，就进谏说："古代圣王崇尚德行，注重给百姓好处，减轻刑罚，照顾百姓顺应农时。您要在春天征调百姓给您筑高台，这是用您的权力剥夺了他们春耕的时光。您不向百姓施德，百姓怎么会拥护您？您不减轻刑罚，百姓经常处于恐惧之中。在这样的情况下，您还要剥夺他们的春耕时光。您这不是把他们赶到绝路上吗？"

晋平公听了，觉得有理，就取消了这个计划。

尹铎谏赵简子

某个春天，晋国掌权的贵族赵简子征调百姓给他在邯郸筑高台。老天不作美，经常下雨，工程进度很慢。但时光不等人，已经到了春耕的时候了。赵简子也有点急了，就对左右说："可以不让百姓回去春耕吗？"

部下尹铎回答道："您这个事情催促得紧，百姓把种子都带到台上了，哪里能够回去耕种呢？"

赵简子大惊，下令终止这个筑台工程，说："我以台为急，不如民耕种之急也。"

晏婴谏齐景公

齐景公生活奢侈，横征暴敛。宰相晏婴想设法谏止。

一天，晏婴请齐景公到家里来喝酒。家具、酒器等等各种器具，都是破旧的。晏婴一看，不高兴地对管家说："为什么不全部换上新的？"

管家说："主人，没有钱啊？如果要把这些全部换上新的，要很大一笔钱，我只得向您封地的百姓多征税了。"

晏婴道："那怎么可以？不能这样干。大家一起乐，那才是真正的快乐。天子和天下人，诸侯与整个诸侯国的人，大夫和他所有的部下和封地上的百姓，都应该一起快乐。上面的人为了自己享乐而叫下面的人出钱，他们会快乐吗？因此，这是千万不能干的事情。"

可是，齐景公还是没有接受晏婴的劝谏，仍然我行我素。

晏婴劝谏齐景公爱民

有一天，齐景公和晏婴一起出游。齐景公看到一个少年乞丐，对晏婴说："这大概是个无家可归的人吧？"

晏婴说："有国君在，怎么能够没有归处呢？让国家收养吧。"

齐景公又看到一个砍柴的老年人，身上背着柴，脸上有饥饿之色，就长叹道："让国家把这样的人都养起来吧。"

晏婴道："我听说，为贤能的人感到高兴，为不幸的人感到悲哀，是执掌国家的根本；现在国君怜惜老者，那您的恩泽没有达不到的了，这是治国的根本啊。"

齐景公大喜。

晏婴又道："圣王见到贤能就乐贤，见到不幸的人就哀不幸的人。我请求，凡是老弱而没有人供养的人，没有配偶没有家的人，政府都应该根据实际情况，给他们提供生活保障。"

齐景公同意了。于是，当时的齐国，老弱有养，鳏寡有室。

管仲劝谏齐桓公爱民

某次，齐桓公在一个叫平陵的地方，看到一个年纪很大的老人自己照顾自己的生活。他就问老人为什么是这样。

老人回答道："我有九个儿子，但是，因为家里贫穷，他们都娶不到妻子。我派他们到外地打工去了，都没有回家。"

当时，家务劳动社会化的程度极低，都是家庭成员完成的。这个老人没有儿媳妇，儿子都外出打工，他当然只好自己照顾自己了。

齐桓公就从随行人员中找了五个女仆，留在老人家里，给他九个儿子中的五个当妻子，同时承担照料这个老人的义务。

管仲知道了，对齐桓公说："您给人的恩惠，实在小啊！"

齐桓公不解，问为什么。管仲道："等您见到了，您才给恩惠。得到您恩惠的人，能有多少呢？都要等您看到，才从您那里得到妻子，恐怕齐国有妻子的人，就不多了。"

齐桓公道："那你说怎么办呢？"

管仲道："这个容易。您颁布一条法令，规定男子三十岁、女子十五岁必须结婚。这条法令实行，孤男寡女当然就不多了。每个家庭有男有女，男女互补，男耕女织，过日子，困难就少了。"

以政策法令"爱人"或者"爱民"，古代不少统治者，都是像齐桓公和管仲那样做的，动机也相仿。在我国古代，就现有的文献而言，管仲是第一个提出"以人为本"的。这似乎很超前。谁"以人为本"？统治者啊！商人做买卖，肯定珍惜他的资本；赌徒要赌钱，肯定珍惜他的赌本。对统治者而言，"人"不就是他们的"本"吗？他们能不珍惜、不爱护吗？更何况，齐桓公、管仲他们，要靠那些本钱争霸，其他那些力量弱小的统治者，要靠自己的本钱图存啊！儒家宣扬的、后人津津乐道的"民本"，也是如此。当然，"人本"或者"民本"，爱民，总要比敲骨吸髓、残民以逞好多了。

中行穆子的诚信

春秋时，中行穆子带兵围困鼓城。鼓城有人来联络，说愿意做内应，献出此城。穆子不接受。

部下问："如果同意他们做内应，这城唾手可得，不用烦劳我们的将士，双方甚至可以没有死伤，为什么不干呢？"

穆子道:"如果我们这方的人去当敌方的内应,这样的人,我当然是很厌恶的。敌方的人当我方的内应,我们如果喜欢,那么,就不是一个标准了。他们做我们的内应献出了这个城,我是奖赏他们呢,还是惩罚他们?奖赏他们吧,我怎么可以奖赏我所厌恶的人呢?惩罚他们或者不奖赏他们吧,我就丧失了信用。丧失了信用,领导人如何去管理部下,管理百姓?因此,我不接受他们作为内应献城的计划。"

后来,鼓城城内没有粮食了,派人请降,穆子才接受了他们的投降。双方没有死伤一个人。

"事父母"与"事君"

《论语·学而》第 7 章中,孔子的学生子夏说:"事父母,能竭其力;事君,能致其身。"意思是说,"为父母做事,能尽心尽力;为国君做事,能献出性命",这当然是值得赞扬的。

这两句话并没有比较父母和君主哪个更重要的意思。就一般情况来说,"事父母"是不大会有生命危险的,也就是费心费力而已,所以,最多也就是"竭其力"。"事君",那就不一定了。参与战争,就很有可能会"致其身"。春秋末期,战乱频繁,政局不稳定,"事君"的人很可能真的会"致其身"的。孔子的著名学生中,子路就是如此。还有一个高柴,也差点儿"致其身"。"致其身"是"事君"的极致,"竭其力"是"事父母"的极致,如此而已。"致其身"确实比"竭其力"的代价大得多,但是,这并不意味着"君"就一定比"父母"重要,因为两者的要求不同、条件不同,很难比较。

"事君"和"事父母",到底哪个重要,也是不一定的,这要看具体的情况。奉国君的命令带领大军守卫边关,抗击入侵之敌,当然是"事君"。陪国君读读书,写写诗歌,下下棋,踢踢球,给国君弹几首曲子,唱几首歌,当然也是"事君"。"事父母"呢,陪父母说说话,逗父母开心,为父母做饭洗衣服、洗脚搓背等,父母病了,求医问药,这些都是

"事父母"。因此，要就具体的事情来比较，才能判断哪个更重要。

不过，父母和国君，"事父母"和"事君"，在古代，有时也确实会构成一种选择题。此类故事见下文。

田过对齐宣王

齐宣王问田过："我听说，儒家主张，父母去世后，儿子要守孝三年。国君去世后，臣下却没有为国君居丧三年的礼。对一个人来说，国君和父母，到底哪个重要？"

田过回答："对一个人来说，国君没有父母重要的。"

齐宣王听了，就发火了："那么，读书人为什么离开他们的父母，来为我服务呢？"

田过从容回答："没有国君给的土地，我们没有办法给父母居住的地方；没有国君给的俸禄，我们没有办法养活父母；没有国君给的爵位官位，我们没有办法让父母显得突出并且受到尊敬。这个就叫'受之于君，致之于亲'。为国君服务，就是为了父母。"

齐宣王听了，闷闷不乐，沉默了。

某甲辞母救君

楚国贵族白公胜作乱。某甲在国君手下当官，准备去救国君。在那样的形势下，这样做，是有很大的生命危险的，他作了战死的准备。临行前，他去向母亲告别。

母亲伤心地说："你抛下母亲，为国君而死，这样的选择，有依据吗？"

某甲回答："我听说，为国君服务的人，接受国君的俸禄，把自己的生死置之度外。我供养母亲的，都是从国君那里得到的俸禄。因此，请母亲允许我前去拼死救国君。"

某甲辞别母亲，就命人驾车，向宫中进发。在路上，他吓得屡次瘫倒在车中，站都站不直。

驾车的人见了，说："您害怕到这样的地步，为什么不回家呢？"

某甲道："害怕，是我的私事；拼死救国君，是我的公事。君子不以私废公。继续前进！"

到了宫中，某甲加入救助国君的阵营，参加战斗，战死了。

君子们对某甲的评价是"好义"。保卫国君，是他的职责所在。

关于为君主还是为父母的选择，本书还有《卞庄子的故事》，可以参阅。

套用源于曹禺《原野》而后来颇为流行的选择题：如果国君和父亲（或者母亲）都掉在河里，都有生命危险，你只能救其中的一个，你会救谁？如果这样的事情真的发生，即使在古代社会，答案也是不言而喻的。为什么？父子关系是血缘关系，是先天形成的，既是自然关系，又是社会关系；君臣关系，是后天形成的，是纯粹的社会关系。父子之间有深厚的感情基础，而君臣之间，即使有感情，这样的感情，是无论如何也无法和父子之情相比的。

值得注意的是，先秦和汉代前期，还有讨论"国君和父亲（母亲）谁更重要"一类的故事或相关文字，此后，一直到清代灭亡，就我阅览所及，没有类似的记载。

无友不如己者

《论语·学而》第8章中，孔子说："无友不如己者。"意思是说，"不要和不如自己的人做朋友"。

"无友不如己者"，这话如果是父母或者其他的长辈告诫子弟，我们都可以理解。父母鼓励我们和比我们优秀的人做朋友，是想让这些优秀的朋友帮助我们进步，至少对我们有些正面的影响。如果我们和不如自己的人，也就是那些差生或者落后人物做朋友，父母会担心我们会受到那些朋友的不好的影响。舐犊情深，父母这样的想法，太普遍了。

可是，问题来了。如果大家都找比自己优秀的人做朋友，不愿意和不如自己的人做朋友，会发生什么样的情况？有人找我做朋友，我评估一番，觉得他不如我，"无友不如己者"，我就找个借口，拒绝和他做朋友。我找啊找，终于找到一个比我优秀的人，于是，我积极主动地向他提出要求，要和他做朋友。他呢，也对我评估一番，得出结论：我不如他。根据孔子"无友不如己者"的教导，他断然拒绝和我做朋友。这样一来，整个社会就没有朋友了！儒家五伦之中，朋友这个第五伦，也就不存在了！

因此，孔子鼓励我们主动和比自己优秀的人做朋友，那么，不如我们优秀的人来要求和我们做朋友，我们自然也不应该拒绝。

我们可以设想，有甲乙两个社会。在甲社会中，人人积极主动地要求和比自己优秀的人做朋友；在乙社会中，人人积极主动地要求和不如自己优秀的人做朋友。这两个社会，哪个社会进步的速度会更加快一些？甲社会会快一些吧？

即使确实是落后分子，也是我们社会中的成员，帮助他们进步，是先进者的责任。但这样的任务，明显是艰巨的，关键在于思想观念和眼界。

关于"无友不如己者"，今人有很多争论。其实，在古代，就有故事诠释孔子这样的说法。

孔子门下有两个优秀的学生，一个是卜商，字子夏，另一个是端木赐，字子贡。孔子曾经预言，他死之后，"商也日益，赐也日损"。这意思是说："卜商会一天天进步，端木赐会一天天退步。"

孔门另一个优秀学生曾参听了，不理解，就问孔子："老师，子夏师兄和子贡师兄都如此优秀，您为什么这样说呢？有什么奥妙吗？"

孔子说："原因是这样的。卜商喜欢和胜过自己的人在一起，端木赐喜欢和不如自己的人在一起。我们不了解一个青少年，就看他的父亲；不了解一个人，就看他的朋友；不了解一个领导人，就看他的部下；不了解某地的土质，就看上面长的草木。所以说，'与善人居，如入芝兰之室，久而不闻其香，即与之化矣；与不善人居，如入鲍鱼之肆，久而不闻其臭，亦与之化矣'，因为人会随着环境发生变化。藏在红色颜料中的东西会变红，藏在黑漆中的东西会变黑。因此，君子一定要慎重对待他所处的环境，特别是周围的人。"

　　一个人所处的环境，有些部分，是外界提供的。例如，《论语·公冶长》第2章中，孔子评论学生宓不齐："君子哉若人！鲁无君子者，斯焉取斯？"意思是说："这人真是君子啊！鲁国如果没君子，此人从何处学得这些君子的德行呢？"他赞扬宓不齐是君子，特别注意到"鲁多君子"这样的优越环境对宓不齐的积极影响。

　　但是，外界提供的人际环境是可以改善的，在一定程度上，甚至是可以自己创造的。交朋友，就是创造理想的人际环境的重要途径。关键在于和什么样的人交朋友。

　　除了"无友不如己者"之外，在《论语·季氏》第4章中，孔子更具体地说："益者三友，损者三友。友直，友谅，友多闻，益矣。友便辟，友善柔，友便佞（nìng），损矣。"意思是说："有益的朋友有三种，有害的朋友有三种。与正直的人交朋友，与真诚的人交朋友，与知识广博的人交朋友，就受益了；与逢迎谄媚的人交朋友，与阿谀奉承的人交朋友，与善于花言巧语的人交朋友，就受害了。"

那么，孔子既然已经看出了子贡的缺点，怎么没有对他进行相应的教育呢？

孔子确实对子贡做了相应的提醒。《论语·卫灵公》第 10 章中，子贡问如何成就仁德。孔子说："工欲善其事，必先利其器。居是邦也，事其大夫之贤者，友其士之仁者。"意思是说："工匠要把他的事做好，必定先要将他的工具整治好。居住在一个国家，要为贤明的大夫做事，与有仁德的士人交朋友。"这就是针对子贡喜欢和不如自己的人相处这个特点的。

子贡了解别人、评判别人的能力，选择优秀者的能力，有没有问题呢？

这两个方面的能力，子贡应该都没有问题，甚至还是他所擅长的。《论语·宪问》第 29 章中说，"子贡方人"。方人，就是比较人物长短。可见子贡喜欢了解别人、评论别人，比较别人之间的长短。

那么子夏和子贡两个人，后来发展得怎么样？是不是真的像孔子说的那样，子夏天天进步，子贡天天退步呢？

其实，他们两个发展得都不错的。子贡的成就，主要在外交和经商，他是个成功的外交家和成功的商人。子夏的成就呢？主要是在思想文化和教育方面，他是一位思想家，也是一位教育家。他们两个人，各有千秋，不能相比的。

评价一个人，有很多的方面。评价的方面不同，得出的结论也很可能不同。

子贡评论人物，应该是多从外交和经商两个方面的才能着眼，他乐意和在这两个方面优秀的人物相处；子夏评论人物，应该是多从思想文化和教育这两个方面着眼，他乐意和在这两个方面优秀的人物相处。

其实，他们都是找优秀的人做朋友，来成就他们的事业。他们之间的不同之处，仅仅是观察、评价别人的方面不同而已。至于孔子说子夏天天进步，子贡天天退步，那是从思想文化和教育方面来说的。孔子评论人物，常常侧重于思想文化方面。

子夏擅长研究思想文化，从事教育，和他交往的，大多是文化教育方面的人物，这些人物，容易符合孔子的评价标准。子贡从事外交，和政客打交道。就总体而言，孔子对政客的评价，是不高的。《论语·子路》第 20 章中，孔子称"今之从政者"为"斗筲之人"，也就是才短识浅，器量狭小之人，连"士"也算不上。

在孔子生前，子贡就不听孔子要他研究思想文化的话，而是喜欢经商。《论语·先进》第 19 章中，孔子说他"赐不受命，而货殖焉，億则屡中"。赐，端木赐，就是子贡。"货殖"就是"做生意"的意思。"億"同"臆"。"億则屡中"就是"料事多中"，能够准确地预判市场走向。子贡学习经商或者自己经商，当然就经常和商人混在一起了。当时，商人的社会地位是比较低的，商人的思想文化，不是社会的主流文化，因此，孔子对商人的评价，也是不高的。

评价人物，用什么样的评价标准至关重要！同一个人物，评价标准不同，评价结论很可能完全不同。

师友切磋很重要

《论语·学而》第 15 章中，一天，子贡领悟到，如果一个人到达"贫而无谄，富而无骄"的境界，应该很不错了吧？于是，就请教老师，希望老师予以印证。"贫而无谄"，就是尽管贫穷，但是，待人接物并不谄媚人家。"富而无骄"，就是尽管富有，但是，并不显露骄人之意。如果一个人到达了这样的境界，当然很不错了。

可是，子贡跟老师一说，老师先是肯定这境界不错，然后话锋一转，提出了更高的境界："未若贫而乐道，富而好礼者也。"

那么，这样两种境界，有没有高下之别呢？当然是有的。子贡说的境界，"贫而无谄，富而无骄"，没有"谄""骄"的言行，那么，"谄""骄"的心理，有没有？不能肯定。也许有，只是没有表现出来而已。孔子说的"乐道""好礼"，是从心里把谄、骄连根拔去了。无谄、骄之情，自然也就不会有谄、骄的言行了。

听了孔子对自己学习心得的评价和提出的更高的境界，子贡高兴啊，说："《诗经·卫风·淇澳》中'如切如磋，如琢如磨'二句，大概就是说的我们这种情况吧。我和老师您交流后，思想认识提高到一个新的境界。"

孔子听了，也很高兴，说："端木赐呀，现在可以谈《诗》了！告诉你前面的，你就知道后面的。"学问修养之道，应该如此触类旁通。

儒家很注重相互切磋对学问道德修养的作用。《论语·学而》第 1章中孔子所说的"有朋自远方来，不亦乐乎"，就包含了和朋友切磋的思想。古代交通不发达，远方的朋友难得才能来一次。因此，不来则已，来就一定会带来许多新的学问、新的观点、新的信息，这些对我的道德学问修养和事业都是很有好处的，我会有很大的收获。同时，我也有许多新的学问、新的观点、新的信息，是他所不知道的，我要告诉他，和他切磋。因此，通过他的来访，彼此都会有所提高，有所收获。从这些方面来看，远方的朋友来访，也是令人高兴的事啊！

孔子门下，师生之间、同学之间相互切磋的事情，实在太多了，《论语》中就有不少。其他古籍中就更多了。例如，闵子骞也表达过和老师、和同门相互切磋的喜悦。

闵子骞刚入孔门的时候，面黄肌瘦，似乎营养不良的样子。后来，他变得容光焕发，康强有力，步履轻健。子贡见了，觉得奇怪，就问他是什么原因。

闵子骞说："我是草根出身，入夫子之门，夫子教我孝悌之义，经国济民之道，我很喜欢，很想继续认真学习研究，掌握这些内容。可是，当我看到官员出行仪仗威风的时候，我也很喜欢，很想去追求富贵。这两种想法，一直在我心里交战，折磨得我吃不消，所以我面黄肌瘦。后来，我在夫子的精心教导下，在和同门师兄弟的切磋中，不断进步，逐渐明白了当官和不当官的道理，对富贵有了深刻的认识，看到富贵者的富贵气派，我就不会有羡慕乃至想去追求的念头了。从容淡定，理性和平，心理健康，心态良好，这自然就利于身体健康了。"

孟懿子问孝与曾子耘瓜

《论语·为政》第 5 章中，孔子的学生孟何忌也向孔子问有关孝的道理。孔子说："不要违反。"樊迟给孔子驾车，孔子对他说："孟何忌问我有关孝的道理。我回答说：'不要违反。'"樊迟说："您说的是什么意思？"孔子说："父母活着的时候，子女按照礼制对待他们。他们死后，就按照礼制埋葬他们、祭祀他们。"

这个孟何忌大有来头。他是鲁国实权派贵族"三桓"之一孟孙氏家的子弟，孟孙氏宗主（家族首脑）孟僖子的儿子，也是后来大名鼎鼎的孟子孟轲的祖先。"懿子"是他的谥号，古书上习惯称他为孟懿子。孟僖子临终前，留下遗命，让他的两个儿子，孟何忌和南宫敬叔拜孔子为老师，跟孔子学礼。

那么，孟懿子问孝，孔子为什么要这样回答他呢？孔子非常讲究以礼来规范一切，所谓"君君、臣臣，父父、子子"是也。可是，包括孟孙氏在内的"三桓"，经常做违背礼的事情，严重侵犯国君的利益。因此，孔子利用孟懿子向他问孝的机会，警告他，即使是行孝，也必须在礼的规范下进行。

"百善孝为先"，这是大家耳熟能详的。"孝为先"不错，但是，是不是"孝"字当头，一切必须让道？是不是"孝"可以秒杀一切？

是不是一切都应该服从于"孝"？是不是行孝可以突破任何限制？当然不是的！

例如，行孝不能突破礼法，必须在礼法允许的范围内进行。在我国广泛流传的"二十四孝"中，有"郭巨埋儿"的故事。郭巨的母亲吃饭的时候看到孙子的饭少，就要分给孙子吃，不让孙子挨饿。郭巨无力保证母亲和儿子都能够吃饱饭，为了让母亲吃饱饭，就准备把儿子活埋。坑都挖了三尺深了，继续挖下去，挖到了装有黄金的器皿，上有丹书云："天赐郭巨，官不得夺，人不得取。"于是，郭巨没有活埋儿子。他有了这些黄金，也就可以养活全家了。挖坑挖到黄金，这样的概率当然是极小的。为了行孝而活埋儿子，这当然是违背礼法的，也是残忍的。从这一章来看，郭巨埋儿的行为，是和孔子的教导相违背的。鲁迅对"郭巨埋儿"也有过批判。

如果行孝可能会导致违背礼法的事情发生，这样的行孝，也是要避免的，是不可取的。

一天，曾参在地里耘瓜，不小心把一株瓜秧的根斩断了。他父亲曾晳发现后，大怒，拿起一根大木杖就打曾参。为了表示对父亲的孝，曾参非常顺从地让父亲打，被打得倒在地上，不省人事，好一会儿才苏醒过来。

醒过来后，曾参回到家里，和颜悦色地对父亲说："刚才我做了错事，得罪了父亲。父亲这样使劲地教训儿子，是不是累了？"说完，他就走进自己的房间，取过琴来，一边弹琴，一边唱歌，以此让父亲知道，他身体没有被打坏。

孔子知道了这件事，大怒，对他的学生道："曾参来，不要让他进门。"

　　曾参到孔子家来，被几个师兄弟拦在外面，不得入。曾参问为什么，师兄弟们说，这是老师的吩咐。

　　曾参自己觉得没有犯过什么错误，就请一个同学去问老师。

　　孔子命人传话给曾参："你们难道没有听过舜对待他父亲的故事吗？舜的父亲瞽（gǔ）瞍，在后妻和象（据说是瞽瞍的后妻所生，舜同父异母的弟弟）的蛊惑下，常想杀舜。瞽瞍要差遣舜做事的时候，舜未曾不在他身旁，叫之即来。可是，瞽瞍要想杀舜的时候，就怎么也找不到舜了。这就是舜的孝行：他行孝很周到，但不让他父亲干谋杀儿子之类违反父亲之道的事情。可是，曾参呢？在他父亲暴怒的时候，顺从地让父亲用大木杖痛打，即使死也不躲避。这是孝吗？不是的！如果他被他父亲打死了，他自己当然就白白死了，这还不算，他这种行为，直接导致了他父亲的杀人行为，使得他父亲成为一个杀人犯！还有比这更加严重的不孝行为吗？曾参不是天子之民吗？杀天子之民，那是什么样的罪？"

一个学生问："老师，那么，父亲打儿子，儿子应该怎样做呢？"

孔子说："很简单！小杖则受，大杖则走！"意思是说，这要看情况，父亲手里的木杖小，打不死人，也不至于把人打成重伤，不过是皮肉之痛，那么，让父亲打几下，也无妨。可是，父亲拿的是大棍子，要打伤人的，甚至要打死人的，那么，当儿子的就要赶紧跑开，别让父亲打伤了。在文言文中，"走"是"跑"的意思。

曾参听到这番道理，就向孔子承认了错误。

"孝"最基本的内容是"能养"

《论语·为政》第 7 章中，子游问如何做到孝。孔子说："今之孝者，是谓能养。"意思是说，"现在的孝，只能称之为'能养'罢了。"什么是"能养"呢？就是当儿女的，能够养活父母长辈，要求稍微高一点，那就是给父母一个温饱，甚至较好的物质生活。这是"孝"的最基本的内容。当儿女的，如果无法给父母温饱，甚至还养不活父母，怎么能够称得上"孝"呢？在当时，社会生产力低下，物质生活资料严重缺乏，做到"能养"也是不容易的。因此，古人把孝养父母放在几乎压倒一切的高度。

这里讲两个故事，可见在当时，"能养"被放在何等重要的位置。

卞庄子的故事

《论语·宪问》第 12 章中，子路问，什么样的人才算"完美的人"。孔子回答，"完美的人"有几个标准，其中一个是"卞庄子之勇"。

卞庄子是鲁国的勇士，力大无穷，武艺高强，尤其勇敢，能够刺杀老虎。可是，他被征入军队后，在战场上的表现非常差，一连三次先行逃跑。他的朋友批评他，将军惩罚他，国君羞辱他，他不申辩，也不抱怨，表情平静，甚至显得心地坦荡。

他的母亲去世后，他守孝三年。守孝结束后不久，齐国军队进犯鲁国。卞庄子求见将军，要求加入军队。

将军说："记得你也加入过军队，上战场一连当了三次逃兵！怎么现在又要来参军了？是不是家里没有吃的了，想来混饭吃？如果再当逃兵，你就没有前三次那样幸运了。你要想明白啊。"

卞庄子说："上一次参军，在战场上我表现确实不好，我也知道，这是我的耻辱。不过，这是有原因的。当时，我的母亲还在，需要我养。如果我战死了，我母亲怎么办啊？谁来给她养老送终啊？在战场上拼杀，真有可能要丧命的。为了养母亲，我不能死，就只能当逃兵了。现在，我的母亲已经去世了，我守孝也守结束了。请给我一次机会，让我弥补上一次的过失，洗刷我临阵脱逃的耻辱。"

将军同意了。

在战斗最为激烈的时候，卞庄子一个冲锋，俘获了敌方的一个军官，说："这洗刷我第一次临阵脱逃的耻辱。"

他第二次冲锋，又俘获了敌方一个军官，说："这洗刷我第二次临阵脱逃的耻辱。"

然后，他再接再厉，又一个冲锋，又俘获了敌方一个军官，说："这洗刷我第三次临阵脱逃的耻辱。"

将军见了，大喜！觉得卞庄子是个难得的将才，担心他三次冲锋和拼杀以后，力气不够，容易战死，就命令他不要上阵了，并且和他结为兄弟。

卞庄子说："我洗刷了以前在战场上当逃兵的耻辱，作为一个士，我的节操，也大体具备了。可是，气节之士，是不能受辱的。"

说完，卞庄子冲入敌阵，杀了数十人，最后被敌人杀死。

曾参为养亲而当官

春秋时期是乱世，官不好做，甚至还会有生命危险。再者，普通的读书人出来当官，一般是在大夫的地盘上，在大夫手下参加社会管理。当时是"礼崩乐坏"的时代，这些大夫绝大部分不那么遵守礼法，甚至为非作歹，上欺国君，下压百姓。因此，很多正直的读书人，爱惜自己的生命，也爱惜自己的声誉，不愿意出来当官。

可是，当他们不当官就无法获得足够的物质生活资料来孝养父母长辈的时候，他们还是会出来做官。在这样的情况下，他们做官的目的，就是赚钱养父母。孔子的学生曾参，就是如此。

曾参曾经在鲁国的莒地当小官，俸禄也不高。

后来，他就不当官了。没有了俸禄，仅仅靠种几亩地，他要养活全家，难啊。他的生活过得很清苦，冬天穿一件老棉袄，连罩衫都没有。他脸色浮肿，手足都是老茧。家里三日不举火，十年不制衣。一抓衣襟，手肘就露出来了，"捉襟见肘"这个成语，最早就是形容他的。

可是，鲁国让他当邑宰，相当于现在一个市或县的行政长官，齐国请他去当宰相，楚国请他去当令尹，也就是宰相，晋国请他去当上卿，也相当于宰相，统统被他拒绝了。

当年，相当于一个县的首脑部下的小官，他都愿意当，现在，实力强大的诸侯国的宰相，他竟然都不愿意当。这是为什么呢？

因为，他在莒地当小官的时候，他的父亲已经去世了，但他的母亲还在，他需要那点不高的俸禄来孝养他的母亲。这时候的曾参，"重其禄而轻其身"，也就是把俸禄看得重，把自己看得轻，因为俸禄是养母亲所必需的。齐国、楚国和晋国请他当宰相的时候，他的母亲已经去世了，他没有必要靠俸禄来养母亲了，俸禄再多，和养母亲没有直接关系了，因此，他"重其身而轻其禄"了。

所以，古人说："窭其身而约其亲者，不可与语孝；任重道远者，不择地而息；家贫亲老者，不择官而仕。"大意是说，使得自己和父母长辈都过得不好的人，还够不上听关于孝的道理的资格；挑重担走远路，觉得要歇息，就不要选地方了；家中贫困而父母长辈年纪大的人，不能挑三拣四选择官位，因为父母长辈来日无多，你急需当官的俸禄来养他们啊！

当时，读书人赚钱的职业不多，做官是其中最为普通的一个选择。

孟子认为，出仕最重要的目的是行道，是建功立业。至于解决家庭的物质生活问题，最多只能算是次要的目的。居其位而无法行其道，尸位素餐，君子耻之。既然可耻，君子就不当居其位。但是，如果不出仕，就无法解决生活问题，因生活贫困，不得不出仕，怎么办呢？就只能选择位卑禄薄的官职了，不要说县官了，就是如抱关（掌管城门开闭）、击柝（打更）之类的工作，也只好接受。接受这些职位，容易称职，生活问题也就能解决了。抱关、击柝的人，是当时级别最低的公务员。

子游和子夏分别问孝

《论语·为政》第 7 章中，子游问如何做到孝。孔子说："现在的所谓孝，只能称之为'能养'罢了。狗马之类动物，都得到供养，如果人们只是养父母而不尊敬父母，那么，对他们来说，动物和父母，有什么区别呢？"

对啊，养动物，我们只要给它们温饱就可以了，可是，赡养父母，除了尽可能让他们在物质上过得好之外，我们还要尽可能地满足他们的精神需求，其中最为重要的，就是让他们得到尊敬。

如何让父母得到尽可能多的尊敬呢？首先，我们自己要尊敬父母。其次，如果我们在学习、工作中取得了成绩，甚至成就，那么，别的人乃至社会，也会尊敬我们的父母，父母就会受到更多的尊敬。

古书上记载，子路问孔子："有一个人，起早贪黑地种田，成年累月地劳作，手上脚上都是老茧。他如此辛苦，都是为了能够让父母过上温饱的生活。可是，人们仍然不赞扬他是个孝子。原因何在？"

那么，孔子会怎样回答子路的问题呢？

孔子说："你说的那个人，大家不称他为孝子，想来是他对父母不够尊敬，和父母讲话的时候，语气不够温和，表情不够柔和，因此，尽管他尽力给父母提供尽可能好的物质条件，人们还是不认为他是个孝子。"

子游问孝后，《论语·为政》第 8 章中，子夏也来问如何做到孝。孔子说："行孝，脸色表情最难（'色难'）。长辈有事，晚辈为他们分担辛劳；有了酒食，给长辈摆上。你难道把这些对待长辈的礼节当成了孝吗？"

为父母长辈分劳，给他们吃好吃的，当然是孝。孔子甚至有什么好吃的，就首先想到父母，即使父母不在身边，也是如此。可是，孔子的孝还不止如此。

古书上说，鲁国有一个穷人，用一个瓦器煮食物，觉得这食物味道很美，就用一个粗糙的陶土盘盛了这食物，送给孔子吃。孔子吃了，笑容满面。

孔子的学生不理解，问："他用的瓦器陶器都如此简陋，这食物也不是什么珍贵的东西，老师为什么吃得这么开心，以至于笑容满面？"

孔子答道："俗话说，'食美者念其亲'，我是因为这食物味道好，所以就想到了我的母亲，因此而高兴。"

学生又问："那么，老师，您为什么想到您的母亲，会如此高兴呢？"

孔子说："面对母亲的时候，我总是高高兴兴的。如果我不在外地，有了好吃的，就一定会去给母亲吃。即使在外地，我吃到这么好吃的食物，也会自然而然地想到母亲，头脑中呈现出她的音容笑貌。我想给她老人家送去，又习惯性地满心欢喜，在脸上呈现出来。

可惜，她不在这里。"

为父母做事、给父母好吃的，这些还是不够的。在这一章中，子夏问孝，孔子的回答中，有"色难"之说。"色难"是什么意思呢？"色"就是脸色表情。要以自己的脸色表情让父母长辈愉悦，这是困难的。在给父母长辈做事情的过程中，或者在工作中、学习中、生活中，儿女遇到困难、问题，有不顺心的事情，有忧患，有愠怒，有悲戚，有麻烦，都不能形之于色。为什么？因为，这些在脸色表情上表现出来，父母就会觉察到，就会为儿女担心，忧虑，甚至焦虑，他们爱儿女啊！当儿女的，忍心让父母这样吗？如果忍心，这是不是孝的行为？不忍心，就尽量不要让这些负面情绪在脸上表现出来，不要让父母觉察到，这当然很困难啊！所以说"色难"！当然，见到父母长辈，最好还要像孔子那样，真诚地高兴，笑容满面，让父母长辈开心！孟子有个说法，叫"色养"，意思是以脸上表情来孝养父母长辈，使他们保持精神上的愉悦，也是这样的意思。

知道了"色难"，知道了对父母长辈，还要"色养"，那么，我们在学习、工作和生活中，就应该认真、勤奋、谨慎，尽量不要让父母长辈担心、费心，尽量让父母为我们感到放心、欣慰、开心！

即使在被父母批评甚至责罚的时候，子女的脸色表情也要控制好。

古代，有个叫伯俞的人某次犯了错误，被母亲打后，哭了。

他的母亲问："你以前挨打，从来不哭的，这次为什么哭啊？"

伯俞回答："以前挨打，感觉得到痛，今天挨打，不痛了，这说明母亲没有以前那样有力了，所以哭。我为母亲身体变弱而哭。"

如何控制好脸色表情？关键是心里要对父母有足够的爱。古语说："父母怒之，不作于意，不见于色，深受其罪，使可哀怜，上也；父母怒之，不作于意，不见其色，其次也；父母怒之，作于意，见于色，下也。""不作于意；不见于色"的"作"是"起"的意思；"见"，同"现"，表现出来的意思。

总之，行孝，不仅要让父母长辈过上优裕的物质生活，还要在各个方面，例如表情、语气等，表现出对他们充分的尊敬、充分的爱。

孔子为什么说"是可忍，孰不可忍"？

春秋时期，鲁国国君鲁桓公有四个儿子。他去世后，嫡长子继承了鲁国国君之位，这就是鲁庄公。庶长子庆父、庶次子叔牙、嫡次子季友都被封为卿。庆父的后代称为仲孙氏，叔牙的后代称为叔孙氏，季友的后代称为季孙氏。这三大家族的首领，长期在鲁国担任重要职务，逐渐掌握了鲁国的实权，致使鲁君大权旁落。因为这三家都是出自鲁桓公，因此被统称为"三桓"。"三桓"之中，季孙氏实力最为强大，实权也最大。《论语》中的"季氏"，就是指季孙氏。

古代的礼乐制度，对什么阶层享受什么级别的礼乐，包括种种文艺演出，都有明确的规定。八佾是一种大型团体舞蹈，天子才能用。

《论语·八佾》第1章中说，作为鲁国的一个大夫，季孙氏竟然在他家里欣赏天子才能享用的大规模舞蹈，因此，孔子认为"是可忍也，孰不可忍也？"

接下来一章中说，《雍》是天子祭祀祖先时用的乐歌，"三桓"祭祀祖先竟然也用这个乐歌，因场面和《雍》的内容完全不符合而被孔子嘲笑。《八佾》中"季氏旅于泰山"章记载，季孙氏还想去祭祀泰山，部下谏止，他都不听。按照当时的礼的规定，名山大川，只有

天子和这些山川所在地的诸侯国国君才能祭祀，季孙氏一个大夫，显然是没有资格去祭祀泰山的。因此，孔子对季孙氏祭祀泰山，也表示反对。

享用天子或者国君的礼乐特权，也无非是看看文艺演出，祭祀虚无缥缈的神灵，看上去似乎都是鸡毛蒜皮的小事，对谁都没有造成实质性的伤害，孔子的反应，为什么如此激烈？连"是可忍，孰不可忍"这样的话都说出来了。

因为，在孔子看来，这是"三桓"对制度的破坏。他们既然会破坏礼乐制度，别的制度，他们当然也有可能破坏。

例如，"臣无藏甲，大夫毋百雉之城"，在当时就是"古之制也"。甲，古代将士上阵穿的铠甲，此指武器等军事装备。"雉"是城墙的长度单位。大臣家里藏有军事装备,大夫的封地城墙过于长,也就是城过于大、力量过于强,就会给社会带来不安定因素,对社会和国君的利益构成威胁。他们一旦犯上作乱,造起反来,局面很可能难以收拾。

鲁定公十二年夏天的一天,孔子对鲁定公说:"'三桓'封地的城,都超过了古代的这个规定,我们要采取措施。"得到定公的同意后,孔子就令当时担任季孙氏家臣首脑的子路,负责把孟孙氏的都城戌、叔孙氏的都城郈、季孙氏的都城费三个城市的城墙,全部拆除。叔孙氏先把他的都城郈的城墙给拆除了。

这时,季孙氏的心腹、费地的首脑公山弗扰,联合对季孙氏不满的叔孙辄,率领费人对鲁国国君发动了突然袭击。孔子和国君、季孙、叔孙、孟孙,躲避到费氏之宫,登武子之台。费人攻到台侧了,在这危急时刻,孔子命申句须、乐颀率领忠于国君的人,在台下攻击叛乱者。叛乱者这才败逃。公山弗扰和叔孙辄逃到齐国。此后,费城就被拆除了。

当局要拆孟孙氏成的城墙时,孟孙氏部下公敛处父对孟孙说:"成是我们的保障,没有成,就没有孟孙氏这个家族。成的城墙,不能拆。"

十二月,鲁定公派兵围城,想攻下来,没有成功。这说明,孟孙氏能够利用他坚固的都城,和国君对抗了。

季孙氏是"三桓"中的头。他的实力最为强大。孔子说他"富于周公"。他的财富,都是巧取豪夺来的,不是侵占国君的利益,就是搜刮民脂民膏。

可见,孔子激烈地抨击"三桓"违反礼乐制度,都是有深意的。

礼之本的故事

《论语·八佾》第 4 章中，鲁国学者林放向孔子问礼之本。礼如果是一棵树或者一株花，那么，它的根是什么呢？

孔子回答说，丧礼之本，是哀。那么，礼之本，就是感情，善的感情。按照善良的人情，应该这样做，于是，就形成了礼。善良的人情也是容易泛滥的，有必要被限制在理性的范围内。于是，圣人根据人情物理、世情事理，制定了这些礼。

子夏守三年之丧结束，来拜见孔子。孔子命人给他一台琴，让他弹。

子夏弹出了快乐的音乐。演奏完一曲，子夏站起来说："先王制礼，不敢不及。我守三年之丧，一天也没有缺。"

孔子赞扬道："好！你是君子！"

正好，闵子骞守三年之丧结束，也来拜见孔子。孔子也命人给他一台琴，让他弹。

闵子骞弹出了悲悲戚戚的音乐。演奏完一曲，他站起来说："先王制礼，弗敢过也。三年之丧是礼的规定，我严格按照礼来实行，一天都不敢多。"

孔子赞扬道："好！你是君子！"

旁边的子贡不明白，问孔子："老师，子骞居丧三年，悲哀显然还不轻，老师赞扬他是君子。子夏居丧三年，悲哀显然已经尽了，而老师也赞扬他是君子。他们两人同样居丧三年，悲哀显然不一样，而老师都赞扬他们是君子。我就糊涂了，冒昧地问老师，这是为什么呢？"

孔子回答："闵子哀未忘，能断之以礼；子夏哀已尽，能引之及礼。虽均之君子，不亦可乎？"

闵子骞还有悲哀，但按照礼，结束居丧，这就是以礼限制悲哀，不能让悲哀泛滥、无止境地延续下去。子夏的悲哀，在居丧之礼结束前已经消失殆尽，但他还是坚持居丧之礼直到结束，这等于把悲哀延续到居丧之礼结束。

孔子的另外一个学生宰予，字子我，因此也叫宰我。他守丧，又是另外的样子。

《论语·阳货》第21章中，孔子的学生宰我问："三年之丧，为期过于久了。君子三年不参加礼仪活动，礼仪必荒疏；三年不参加音乐活动，音乐必荒疏。陈谷子已经吃完，新谷子已经登场，钻木取火工具也改了一遍，居丧之礼，一年就可以结束了。"

孔子回答："居丧期间，吃着米，穿着锦，你心安吗？"

宰我倒也老实，实事求是地回答："我心安。"

孔子有点发火了，说："你心安就这样干！君子居丧期间，吃美食不觉得味道美，听音乐不觉得高兴，坐卧不觉得安宁，所以就不做那些事情。现在你心安，就做那些事情吧！"

宰我出去后，孔子说："宰予真不仁啊！孩子出生三年之后才脱离父母的怀抱。三年之丧，是天下通行的丧礼。宰予对他父母也有三年的爱吗？"

　　不管他在父母去世后是否严格实行了三年之丧，宰予在孝道方面，显然是不足的，因为他在居丧期间，还能那么心安理得地享受美食、音乐和华美的衣服，可见没有多少悲哀，对父母的感情，难以称为深厚。他如此居丧，即使每一个方面、每一个细节都做得尽善尽美，也是没有什么意义的——因为礼之本是情，丧礼之本是失去亲人的哀痛！没有根的花和树，即使再美、再繁盛，也难以持久，会迅速枯萎，没有悲哀的居丧，就没有体现丧礼的精神。

子夏为什么"可与言《诗》"？

《诗经·卫风·硕人》中，有这样的诗句："巧笑倩兮，美目盼兮，素以为绚兮。"这是在说一幅图画，画面上，一个女子笑得很美，她的眼睛黑白分明，这些，都是在白色的生绢上用色彩画出来的。《论语·八佾》第 8 章中，孔子的学生子夏，也就是卜商，问老师，这几句诗歌说的是什么样的道理？

孔子回答说，"绘事后素"。"绘事后素"就是"绘事后于素"的意思。"绘事"，画画之事，施加色彩之事。"素"，白色的生绢。那时，纸还没有发明，所以，生绢也被用来画画。"素"是第一位的，先有的；"绘事"是第二位的，是后于"素"的。先有"素"，然后在"素"上施加色彩，成为美妙的图画。

子夏听了，马上就联想到"礼也是第二位的吗"，得到了孔子的赞扬。

那么，如果"礼"是第二位的，什么是第一位的呢？当然是一个人的本质啦。礼有文饰的作用。一个人，本质好，德行高尚，加上礼的文饰，从衣着打扮到言谈举止，都体现出很好的修养，就完美了。如果本质不好，文饰也就没有积极的意义。这和商品是一样的，外观漂亮是第二位的，质量是第一位的。

孔子听了，非常高兴，说："起予者商也！始可与言《诗》矣。"意思是说，"是卜商启发了我！卜商啊，现在可以参与谈《诗》啦！"

子夏姓卜，名商，字子夏。这名和字之间是什么关系呢？商朝的前面，不就是夏朝吗？那么，孔子为什么不叫他"子夏"呢？古时候，长辈称呼晚辈，是称名的。称呼同辈和前辈，才称字。《论语》中，孔子对学生，都是称名的，没有例外。

不管是听课、读书，还是其他方式的学习，都不能总是被动地接受，还要结合自己已经学到的学问和掌握的信息，积极思考，甚至要有怀疑精神，努力争取有所突破，有所创新。在这些方面，孔子的弟子中，子夏和子贡等不多的几个人做得很好。

古书上说，子夏"好论精微，时人无以尚之"。有一次，子夏在家乡卫国听人读史书，听到"晋师伐秦，三豕（shǐ）渡河"，说："不对，不是'三豕'，应该是'己亥'。"

后来，那个人请教晋国的史官，史官证实，"三豕"确实是"己亥"之误。于是，卫国一时传为佳话，甚至奉子夏为"圣人"。可见，子夏确实是"不唯师""不唯书"的。

思维活跃，往往是和思想活跃结合在一起的。子夏和子贡的这一特点都得到过孔子的赞扬。可是，孔子显然也明白，他们这样的特点有可能导致他们对儒家思想的偏离。因此，他不止一次地告诫子贡，也告诫过子夏，要他们不要偏离儒家学说。

例如，《论语·雍也》第13章中，孔子就告诫子夏："女（通'汝'）为君子儒，无为小人儒。"儒家的核心思想是"仁"，礼文是外在形式。君子儒是礼文、仁义兼而有之；小人儒是仅仅得到礼文，却抛弃了仁义。这些，就是君子儒和小人儒的共同点和本质不同之处。

后来，子夏致力于思想文化的研究和传播。他对《易》《诗》《尚书》《春秋》等儒家著作都深有研究。《子夏易传》《诗大序》《丧服传》等，相传都是他所作。这些著作中，明显有对儒家思想的发展。

孔子去世后，子夏到魏国讲学弘道。当时魏国的君主魏文侯，以及田子方、段干木、吴起、禽滑（gǔ）厘等名人，都是他的学生。魏文侯以崇尚儒学著称，但田子方、段干木就没有多少儒家色彩了，禽滑厘是墨家人物，吴起则是著名的法家和兵家人物。可见，子夏的思想和孔子的思想相比，有非常显著的发展变化。郭沫若《十批判书》中甚至认为，子夏思想中具有"法家精神"，证据是法家理论的集大成者韩非子称"儒分为八"，而儒家的这八个支派中，没有子夏之儒，可见韩非子是把子夏视为法家的。

孔子去世后，全面继承、发展、弘扬儒家思想方面，孔子的弟子中，子夏的成就最大。这和子夏好学深思、不断开拓，绝不抱残守缺、墨守成规的学风是分不开的。

孔子批评宰我信口开河

《论语·八佾》第 21 章中说，有一天，鲁哀公向孔子的学生宰我请教关于土地神的事情。宰我回答，土地神依附在树上，这树就叫社树。社树用什么树，有讲究。夏朝用松树，商朝用柏树，周朝用栗树。周朝为什么要用栗树呢？因为统治者想让人民战栗，时时处于对当局的畏惧之中。

宰我关于周朝为什么用栗树的说法，可以说是胡说八道，且效果也会很不好。这不是有可能把国君鲁哀公引导到用恐怖手段使人民处于畏惧之中这样的道路上去吗？当然，宰予的胡说八道，也是有原因的。有些领导者，确实期望自己的部下或者百姓畏惧他们，认为这样才能显示出他们的权威。这些领导者，当然是愚蠢的。可是，历史上，现实中，有没有这样的领导者呢？

孔子听到了这样的事情，没有直接指出宰我的错误，而是说了这三句话："成事不说，遂事不谏，既往不咎。"意思是说：已经成为事实的事情，不必再劝说了；已在进行且势不可止之事，不必谏止了；已经过去的事情，就不要责怪了。

这些话，并不是为宰我开脱，而是警告宰我，也是提醒大家：正因为如此，大家说话，做决定，做事情，都必须谨慎啊！

孔子批评管仲

管仲,名夷吾,字仲,谥敬,故又称敬仲,春秋时齐国人。他长期当齐国的宰相,辅佐齐桓公。齐桓公尊称他为"仲父"。汉语中有个词语,叫"管乐之才"。管,就是管仲;乐,就是乐毅。这说的是大才还是小才啊?当然是大才!管仲辅佐齐桓公称霸,九合诸侯,一匡天下!功业赫赫!

《论语·八佾》第22章中说,有一天,孔子说:"管仲之器小哉!"

孔子为啥还说他"器小"呢?"器小",是容量小,格局小,事业小,承载或者拥有的东西少。管仲的格局、事业,当然不小啊!既然如此,那么,孔子是不是在说管仲拥有的富贵、享用的财富少呢?

于是,有人就问:"管仲节俭吗?"

可是,恰恰相反,管仲很奢侈。孔子说:"管仲家宅第有三处,他家里办事的人,都是专司其职的,职务都不相兼,怎能称节俭呢?"

当时,社会各个阶层的享受,也是由国家规定的,这也是"礼",不能逾越。管仲好享受,不节俭,那么,就有逾越这方面的礼的可能了。

所以，对方又问孔子："那么，管仲知礼吗？"

孔子说："国君建塞门，管仲家也建塞门。国君为与别的诸侯的友谊，建有反坫（diàn），管仲家也建有反坫。如果管仲知礼，谁不知礼呢？"

管仲所拥有的、享用的，几乎和国君一样了，这显然是违背礼的。

在孔子看来，管仲的毛病就在这里：贪图享受，不遵守礼法。因此，相对来说，格局和事业不大，他是"小器"。

大和小，都是相对而言的。管仲当宰相时，从现在来看，他手里抓了一手特别好的牌：当时的天下，几乎各个阶层，都早已对周王朝丧失了信心，甚至周王朝自己，也是如此；齐国有鱼盐之利，很富有；齐国国土面积不小，人口众多；齐桓公对他言听计从，君相之间常见的矛盾，在他们之间不存在；齐国没有人在政治上足以和管仲抗衡；管仲相齐的时间很长，大约有40年；别的诸侯国，大多情况很糟。可是，他仅仅辅佐齐桓公成就了霸业，没有成就王业。齐国称霸诸侯，但没有能够统一天下，取代早已失去民心的周王朝。前者是霸业，后者才是王业，其间的区别是本质性的。

原因何在？其关键原因，在于管仲目光短浅，贪图物质享受，没有更加远大的目标，尽管握有一手好牌，却没有打好。故孔子说他"器小"。国君享受什么，他也要享受什么。看来他的目标，就是在享受方面和国君一样，也就满足了。这当然限制了他才能的发挥和资源的利用，所成也就小了。

好比企业开张第一年就赚了两百万，老板赶紧用这两百万造豪宅，修家谱，享受一番，炫耀一番，而没有扩大生产规模，也没有进行设备的升级，更没有涉足其他的产业。每年就这样小打小闹，企业赚多少，老板一家花多少，吃喝玩乐摆阔气，惬意就好。管仲大约就是如此。对古今中外富人的消费作一番研究比较，很可能会有不少有意义的发现。

仪封人求见孔子

孔子本来在鲁国当大司寇，代理宰相。因为和贵族实权派"三桓"等的矛盾越来越严重，他就辞职了，离开鲁国，到别的诸侯国去谋求做官的机会，他的不少学生也跟着他走了。这就是通常说的孔子"周游列国"。

孔子离开鲁国开始"周游列国"后不久，就和他的学生等随从来到卫国的仪地，也就是今天的河南兰考。

《论语·八佾》第24章中，他们刚住下来，当地一位封人——也就是掌管疆界的小官吏——来了，求见孔子。他说，大人先生经过这个地方，我没有不去见的。孔子的随从就让他去见了孔子。

会见结束，这小官吏出来后，对孔子的随从说了一番话："你们这些人，不要为你们老师丢了官懊丧！天下无道已经很久了！老天让你们老先生丢了官，是让他担当在天下传道的重任呢！"

我们先思考个问题。为什么凡是大人先生经过那个地方，这小官吏都要去见？是好奇吗？是追星吗？是和他们合影、请他们签名吗？当然都不是。

他是去向他们请教的。请教什么呢？安邦治国之道啊！他跟孔子谈什么呢？也是安邦治国之道啊！这小官吏好道甚笃，求道心

切，不轻易放过一个向人请教的机会。

可是，他向孔子请教以后，才恍然大悟：他以前从那些大人先生那里请教到的，统统不是正道，只有这位孔先生说的，才是正道！于是他感叹："天下之无道也久矣！"这个小官吏，确实了不起啊！

孔子的那批学生等随从，这个时候，他们的精神面貌怎么样啊？当然不好！一个个灰溜溜的，垂头丧气，情绪低落，哭丧着脸。这些人聚集在一起，空气中都弥漫着一种悲观的气息！

我们想想，孔子当着大司寇、代理宰相，学生们即使不担任正式的职务，按照当时的体制，孔子给他们临时的差事，也是常有的。即使是承担临时的差事，也是有权力、有高薪、有威风、有荣耀的，毕竟是大司寇、代理宰相交给的差事啊！这些，《论语》中也是有体现的。可是，这一切，随着孔子辞职，都没有了！他们只好跟着老师背井离乡找工作。

　　但是，路在何方？理想的工作在哪里？何处才是他们的归宿？前程未卜，一片茫然。他们能不沮丧吗？

　　这小官吏看到他们的熊样，就对他们说："二三子，何患于丧乎！"劝他们不必为丢了种种利益而沮丧，不要以丢掉那些利益为患。可见，他们确实是在"患于丧"，还没有缓过气来，我说他们垂头丧气等，不是胡诌出来的。

　　这小官吏对孔子的随从说"何患于丧乎"，这不仅仅是安慰而已，还有更加深刻的含义在。"天下之无道也久矣，天将以夫子为木铎"，天下无道，已经很久了，因此，老天爷让你们的老师丢了工作，出来传道，因为他掌握的道，才是正道，别人无法担当这样的重任。木铎，是以木为舌的大铃，振之以引起人们的注意。古代宣布政教法令时常用。这里以"木铎"指传道者，用的是修辞上说的借代手法。

　　行道与传道，哪个价值更加高一些？这要看具体情况。在久已无道的社会，思想混乱的社会，传道要更加有意义。当然，这也和个体的情况有关，有的人比较擅长行道，有的人则比较擅长传道。社会方面和个体方面，两者结合起来判断，就更加准确一些。孔子如果继续在鲁国当大官，波澜不惊，既富且贵，一直到退休，和他周游列国传道相比，对社会的贡献，哪个更加大一些？

　　当你觉得无法实现自己人生价值的时候，总是找不到施展才华的平台的时候，不妨试试传道。当教师是传道，教师编制很难考啊！但是，传道有很多途径，未必要当教师才行。现在自媒体那么发达，传道的平台还是很容易获得的。

　　明白了这一点，对知识分子来说，是去行道（管理社会），还是去传道（教化社会），就不必纠结了，社会需要什么，就去干什么。

见贤思齐

从前，有个叫南瑕子的人，去拜访程太子。太子烹调了鲵鱼，来招待他。

烹调后的鲵鱼端上饭桌，南瑕子见了，就说："我听说，君子是不吃鲵鱼的。"尽管说得委婉，但这话还是足以让人明白的：他不吃鲵鱼。

鲵鱼的叫声，酷似娃娃的啼哭，因此，人们就叫鲵鱼为"娃娃鱼"。君子要做仁者，仁者爱人，心地善良，单凭鲵鱼的叫声酷似娃娃的哭声这一点，怎么忍心吃鲵鱼呢？何况，鲵鱼还有"娃娃鱼"之称呢！设想一下，如果你在吃鲵鱼，有人问你，"你吃的是什么鱼啊"？你不能不想到"娃娃"吧，你总不见得就回答"娃娃"吧！因此，在当时，有身份的人，也就是君子，是不吃鲵鱼的。南瑕子这样说，意思就是他不吃鲵鱼。

程太子忙前忙后好大一会儿，鲵鱼端到饭桌上了，听到对方这样说，就不高兴了，说："你是君子吗？你做的是君子之事吗？你显然不是君子，那么，即使君子不吃鲵鱼，你吃，又有什么关系呢？"

南瑕子说："我听说，向上看齐，是提高自己德行的做法；向下比较，是降低自己德行的做法。尽管我现在还不是君子，但是，我一直坚持向成为君子这个目标努力，以君子的标准严格要求自己。因此，我还是像君子那样，不吃鲵鱼。"

在这个故事中，"君子"是指道德境界高的人，是贤者。《论语·里仁》第 17 章中，孔子说："见贤思齐焉，见不贤而内自省也。"意思是说，"看见贤者就向他看齐，看见不贤者就反省自己有无类似的毛病"。《论语·宪问》第 23 章中，孔子说："君子上达，小人下达。"意思是说，"君子向高尚发展，小人向卑下发展"。照君子的要求去做，即使现在还不是君子，向着成为君子这个目标前进，总是值得鼓励、值得赞赏的。一步步地前进，有可能也就真的成为君子了。

父母在，不远游，游必有方

某日，孔子带着很多学生，在去齐国的旅途中。忽然，他们听到悲痛的哭声。孔子马上命令赶车的人加快速度，朝哭声传来的方向疾速行驶。一会儿，孔子他们看到了正在哭的人。

孔子和学生下车，走向那个人。那个人拿着镰刀和绳索，应该是在打柴。

孔子问他："你是谁啊？"

那人回答："我叫丘吾子。"

孔子说："丘吾子，看样子您不是遇到丧事，为什么哭啊？还哭得如此伤心。"

丘吾子说："为了我的三大失误。我此生有三大失误，到了晚年才明白，可谓追悔莫及。"

孔子说："哪三大失误，您可以讲给我们听听吗？希望您如实相告，不要有所隐瞒、有所忌讳。"

丘吾子说："我从少年时代开始，就喜爱学问，于是，就到处寻找学习的资源，如饥似渴地求学问。等到我游学归来，我的父母已经去世了。这是第一大失误。我成年后在齐国君主手下当官，这位齐君生性骄纵，生活奢侈，逐渐丧失了臣民的拥护和支持。我也按照礼法，对他作了很多次劝谏，可谓苦口婆心。但是，我失败了，他全然不听，还是我行我素。在这样的君主手下，我在政治上能有什么建树？岁月蹉跎，年华老去，白首无成。我平生的种种经国济民的抱负，就这样全部落空了。这是我的第二大失误。我生平很重视友谊，对每一位朋友都赤诚相待，他们需要帮助的时候，我都会尽心尽力给予帮助。可到头来，那些朋友，离去的离去，和我断了来往的断了来往，都见不着了。这是我的第三大失误。树要静下来，但风却不停；儿女想孝养父母，可父母却等不到接受儿女的孝养就去世了。过去了就永远也不会再回来的是时光，不在了就再也见不到的是父亲母亲！我垂垂老矣，永远也回不到过去了，永远也见不到我的父母了！还是让我告别一切吧！"

说完，丘吾子就投水自杀了。孔子和学生们赶紧相救，但没有成功。

孔子听了丘吾子的"三大失误"，目睹了他自杀的悲剧，对学生们说："大家记住了，丘吾子的话，他的悲剧，足以让我们引以为戒。"

于是，孔子的这些学生中，离开孔子，回家乡孝养父母长辈的人，竟然达到了十分之三。

这个故事，应该是用来支持《论语·里仁》第 19 章中孔子所说"父母在，不远游。游必有方"的。

古代交通和通信不发达，社会保障能力薄弱，医药水平低下，人的平均寿命很短。人们怕自己远游期间，父母长辈有什么意外，所以就不忍远游。"父母在，不远游"，不利于国君的利益，也不利于社会的利益，更不利于个人的发展和个人价值的实现，只是减少了竞争，客观上有利于那些身居优势位子的人和方便得到这些位子的人。孔子也知道，"父母在，不远游"，即使在他那个时代，人们就很难做到了。于是，他加了一条："游必有方。""方"就是规矩的意思。出游要守规矩。

即使是在古代，没有恪守"父母在，不远游"的人，也是很多的。先秦周游列国的士人中就有不少是这样的人。到了后世，这样的人就更多了。

现代社会更是和当时的情况完全不同了。父母还健在，我们也完全可以远游。但是，不管如何，远游守规矩，这仍然是必要的。

孔子表扬其他同学，子贡急了

　　孔子的学生公冶长被关在监狱中。这是为什么呢？

　　传说中，公冶长懂鸟语。有一天，一只乌鸦告诉他，南山有只野羊，摔死在某一块岩石下，希望公冶长能够把那只羊的肠子给乌

鸦吃。根据乌鸦提供的这个信息，公冶长果然找到了那只羊，但是，他没有舍得把羊的肠子给乌鸦吃。

过了一阵子，那乌鸦又告诉公冶长，说那里又有一只摔死的野羊。公冶长到那里一看，原来是个尸体。他刚要离开，就被人当作杀人嫌疑犯抓了起来，送进监狱关押。

当然，这只是传说，后来又成为民间故事，广为流传，古代文言小说、白话小说中也有记载。至于公冶长进监狱的原因，没有可靠的记载。

《论语·公冶长》第 1 章中，公冶长还没有出狱，有一天，孔子表扬他："他是值得女子嫁的，虽然在牢狱之中，但这不是他的罪过。"孔子当场宣布，将自己的女儿嫁给公冶长。

《论语·公冶长》第 2 章中，孔子又表扬了另一个学生南宫括："南容知道自己擅长什么，也知道自己的短处在哪里，以此来确定自己的重大选择。社会正常的时候，他就出来建功立业，因为管理社会、教化社会，正是他最为擅长的，他不会废弃他这方面的才能；社会动乱的时候，他就弃官隐居，能够设法避免遭到伤害，因为他知道，平定动乱，不是他所擅长的，如果在动乱的社会继续当官，不仅有可能受到伤害，也很可能妨碍别人平定动乱。"

南宫括还常常吟诵《诗经·大雅·抑》中的"白圭之玷，尚可磨也，斯言之玷，不可为也"这几句诗。这几句诗的大意是说，一块白玉，上面的斑点，是可以磨掉的，可是，一个人有了错误的言行，是无论如何抹不掉的。南宫括常念诵这样几句诗，是提醒自己不要有错误的言行。他言行之谨慎可知。当时是乱世，多险境，如此谨慎，当然好处多多。这也宜于修身。

　　孔子不仅对南宫括赞扬有加，还当场宣布，把他自己的亲侄女嫁给他。

　　再接下来，孔子表扬学生宓不齐。《论语·公冶长》第3章中，孔子说："君子哉若人！鲁无君子者，斯焉取斯？"意思是说："宓不齐真是君子啊！鲁国君子多，他善于利用资源，向身边的君子，学习君子之德。"

　　《论语·公冶长》第4章中，见老师表扬公冶长、南宫括、宓不齐，就是不表扬自己，作为优秀生的子贡，能不急吗？他只能主动问了："老师，老师，那我怎么样呢？"

　　孔子知道子贡的心理，故意逗他，说："你么，是器具式的人物。"

　　子贡一听，更加着急啦！因为，孔子此前说过，"君子不器"，意思是说，君子不能是器具式的人物。刚才老师表扬宓不齐，说他是个君子，那么，自己既然是器具式的人物，就还没有达到君子的境界，还不及宓不齐优秀！于是，他急忙追问："老师，那我是什么器具啊？"

　　孔子回答说："瑚琏（húliǎn）呀！"

　　子贡这才松了一口气。

　　瑚琏，古代祭祀时盛粟稷之器，有玉饰，贵重而华美。子贡之才，虽然还没有达到"不器"的境界，然而已是贵器，堪当大用。夏商周三代，祭祀是和打仗并列的"国之大事"。瑚琏是祭器中的贵重者，用来比喻子贡，那么，子贡自是大才。

臧文仲富有智慧，但也会做蠢事

臧文仲，姓臧孙，名辰，春秋时鲁国大夫，在鲁国担任要职多年，去世后，谥文仲。

臧文仲知识广博，洞悉人情物理，勇于担当，开拓进取，不拘成例，敢作敢为，成就显著。例如，在他的建议和主持下，鲁国废除关卡，这促进了商业发展，利国利民。

僖公二十一年（公元前 639 年）夏，鲁国大旱。鲁僖公采用古代求雨的巫术，准备焚烧一些巫师和骨架异常的残疾人以求雨。臧文仲竭力反对这种野蛮、愚蠢的做法，提出了一系列应对旱灾的科学、务实的措施，得到了鲁僖公的采纳，使得这年的旱灾没有造成严重危害。

外交方面，他的作为更是可圈可点。当时，鲁国实力弱小，没有雄厚的实力作为支撑，外交很艰难。鲁庄公二十八年（公元前 666 年），鲁国发生饥荒，急需其他诸侯国的救济。齐国自然资源丰富，国力强盛，且就在鲁国的旁边，如果齐国出手，鲁国的饥荒就能得到及时的缓解。可是，齐鲁两国尽管是近邻，但关系不大友好。在这样的危急时刻，臧文仲自告奋勇，到齐国去求援。他带去了很多玉器，作为送给齐国君臣的礼物，求援时言辞恳切，晓之以理，动之以情，齐国终于同意援手，也没有接受那些玉器。

僖公二十六年（公元前 634 年），齐国进攻鲁国，臧文仲到楚国求援成功，楚国出兵攻打齐国，齐国只好停止进攻鲁国。僖公二十八年，当卫成公被晋文公整得很惨的时候，鲁僖公采纳臧文仲的建议，说服晋文公放过了卫成公。卫成公由此对鲁国感激不尽。在他的建议下，鲁国和陈国的关系，也得到了加强。

因此，臧文仲在当时声望卓著，是有名的聪明人。可是，聪明人也有糊涂的时候。例如，某个冬天，一只叫"爰居"的海鸟，停在鲁东门之外三日，臧文仲就派国人祭祀这海鸟。

大夫展禽知道了，对臧文仲此举很不以为然，说："今海鸟至，己不知而祀之，以为国典，难以为仁且智矣。夫仁者讲功，而智者处物。无功而祀之，非仁也；不知而不能问，非智也。"他还说，动物会自动躲避灾难，这年海上多大风，海鸟到这里来，是避风的。

臧文仲听了，接受了展禽的意见，诚恳地承认了自己的错误。

还有一次，他命人造了一座房子，装饰得很华美，用来藏一个占卜用的大乌龟壳。《论语·公冶长》第 18 章中，孔子对此事作出评论，说臧文仲这么做，置他的所谓"智"于何地呢？

后来，孔子又对颜回说，在智慧方面，臧文仲还不及他的弟弟臧武仲。臧武仲在齐国的时候，敏锐地觉察到齐国将有祸患发生。齐国国君要给他土地，让他留在齐国当官，他婉拒了，随即离开了齐国。后来，齐国果然发生田常之乱，很多人在这场动乱中丧生。

令尹子文三仕为令尹

《论语·公冶长》第 19 章中，孔子的学生子张问道："楚国的令尹子文三次当令尹，没有喜悦之色；三次被罢免令尹，没有怨恨之色。原令尹的政务，他必定告诉新令尹。此人怎么样？"

孔子说："称得上忠了。"

子张又问道："称得上仁了吗？"

孔子说："没有能称得上智，怎么能称得上仁呢？"

令尹是楚国的宰相。那么，令尹子文是怎么样一个人呢？他是怎么三次当上楚国的宰相，又三次被罢免的呢？似乎不可思议。

楚国有个若敖氏家族，很有名，曾经在楚国政坛上很活跃。若敖家族有个人，得到了斗邑这个地方作为封地，因此，他的后代，就以"斗"为氏。斗家有个青年，叫斗伯比。他的母亲是楚国附庸妘（yún）地的主人的女儿。妘地首脑的爵位是子爵，因此，被称为妘子。

斗伯比和妘家表妹未婚先孕，这在当时，是不光彩的事情。孩子生下来，妘夫人为了给女儿遮丑，就命人把孩子扔在云梦泽中。云梦泽在今天湖北京山境内，那是个打猎的地方。

正巧，妘子到云梦泽打猎，看到一头母老虎，正在给一个婴儿喂奶！婴儿不知道怕，那是自然的，可是，那母老虎也不怕猎人。

妘子大惊，也就带着随从，赶快撤退。回到家里，他把这件奇事告诉了妻子妘夫人。妘夫人就把实情告诉了妘子。妘子一听，赶快带人去云梦泽，把这个外孙找了回来。

楚人把乳汁叫作"谷（古文作'穀'）"，把老虎叫作"於菟（wūtú）"，这孩子由老虎喂奶，所以，就叫"穀於菟"。后来，斗伯比和妘家表妹成亲，妘家表妹就把穀於菟带到斗家，加上姓氏，就是斗穀於菟了。

斗穀於菟长大后，德行高尚，才干突出，当了楚成王的令尹，也就是宰相。他当宰相初期，楚国刚经过内乱，元气大伤，国库空虚，而他家是富贵之家，积聚了大量的财产，于是他"自毁其家，以纾国难"。

在担任宰相期间，他一贯勤政爱民，秉公执法，廉洁自守。天还没有亮，他就上班了，天黑了，他才回家吃饭。

有一次，他的族人犯了法，法官知道犯人是宰相家族的人，就想宽恕犯人，立即释放。斗穀於菟知道后，就批评法官，说执法应该一视同仁，按照法律办事，否则就是"为理不端，怀心不公"。如果照顾他的亲友，是让他得"不公"之名。执掌公共权力的人，如果以谋私闻名，还不如去死。那法官只得收回成命，依法处理了那个犯法的人。

斗穀於菟任宰相的时候，家里竟然常常没有余粮，因为有时他连俸禄都不要，有时把他的俸禄发放给穷苦百姓。楚成王知道后，每逢斗穀於菟来朝见，就命人为他准备饭菜。

有人对斗穀於菟说："人家都是求富，你却逃富，这是为什么呢？"

他回答说："我们当官的人，责任就是造福百姓，让百姓安居乐业。百姓缺吃少穿，如果我还谋求财富，那是剥削百姓，那么，我离死亡就不远了。我这么做，是逃死，哪里是逃富！"

斗縠於菟辅佐楚成王励精图治，楚国迅速强大起来，灭了弦国、黄国、英国，削弱了蔡国、随国、徐国、江国等诸侯国，史书上所谓"汉阳诸姬，楚实尽之"是也。意思是说，汉水流域姓姬的诸侯国，被楚国整治得差不多了。楚国成为霸主，足以和晋、齐、宋、秦等中原大国对抗，斗縠於菟功不可没。

如此德才兼备的宰相，怎么会被罢免呢？其实，是斗縠於菟自己让贤而辞职的。他显然知道，一个诸侯国多年由几个主要领导人领导，会有这样那样的弊病。在当时，国君是难以更换的，但更换宰相，就容易得多。他从楚成王八年就开始担任宰相，前前后后当了将近 40 年宰相。这期间，他多次主动让贤。例如，其中一次，就在楚成王三十五年。当时，子玉伐陈成功，立了大功，斗縠於菟就主动把令尹也就是宰相的职位让给了子玉。

子玉有多厉害？在晋国和楚国争霸的过程中，子玉带兵和晋君作战失败自杀，晋文公听到这消息以后，高兴地说道："莫余毒也。"大致意思是说："从今以后，没有人能够对我构成威胁了！"可见子玉确实厉害。这样的人物在楚国做官，作为宰相的斗縠於菟，不可能不知道——发现重要人才，任用重要人才，本来就是宰相的职责。于此可见斗縠於菟的高风亮节。

斗縠於菟初次担任宰相的时候，楚国困难重重，危机四伏，他当然明白，所以"无喜色"。此后，担任宰相近 40 年，其间三次甚至多次主动让贤离开宰相之位，又因为楚国和国君难以离开他而回到宰相之位，当然能够得其位而"无喜色"，失其位而"无愠色"了。

崔子弑齐君

《论语·公冶长》第 19 章中，子张问孔子道："老师，齐国大夫崔杼杀了国君，陈文子有四十匹马，他丢下家业离开了齐国。到了其他的诸侯国，他就说：'这个国家有的人犹如我国大夫崔杼。'于是他又离开这个国家。又到一个国家，他又说：'这个国家有的人犹如我国大夫崔杼。'怎么样？"

孔子说："此人可以称得上清了。"

子张说："可以称得上仁了吗？"

孔子说："没有能称得上智，怎么能称得上仁呢？"

那么，齐国大夫崔杼为什么要杀齐国的国君呢？杀国君的过程如何？杀了之后，又发生了哪些事情呢？陈文子又为什么称得上"清"而称不上"仁"呢？

齐国大夫棠公去世了，执政大夫崔杼去参加丧礼，为他驾车的是棠公的舅子东郭偃。棠公的妻子东郭姜，也叫棠姜，就是东郭偃的姐姐，长得非常漂亮。在丧礼上，崔杼对棠姜一见钟情。丧礼结束后，崔杼和东郭偃商量，想娶已经成了寡妇的棠姜为妻子，因为他的原配妻子已经去世了。东郭偃不同意，说崔杼是齐国丁公的后代，东郭家是齐桓公的后代，都姓姜，同姓不婚，何况两家都是齐国公室的后代，父系血缘太近了，不宜结婚的。

在婚配方面，齐国公室从国君起就向来不大守礼。听了东郭偃一番话，崔杼不死心，就此事去占卜。占卜的结果出来了，负责占卜的人解读为"吉利"。崔杼把这个结果给大夫陈无须看，陈无须经过一番研判，认为这个结果不仅不吉利，还很凶险。

这个时候的崔杼，头脑早就发昏了，他为自己娶棠姜找理由："和棠姜结婚凶险，这已经应验了，棠公不是去世了吗？这个凶险，棠公承当了，也就过去了。再和她结婚的人，也就安全了。"于是，他不听东郭偃和陈无须的劝告，和棠姜结了婚。

当时齐国的国君是齐庄公，名字叫光。光当太子的时候，发生过波折。他的父亲齐灵公因为宠爱妃子戎姬，所以，改立戎姬生的公子牙为太子，把光放逐到东部边境去了。齐灵公病危的时候，在崔杼等的坚持下，光被接回临淄，并且继灵公之后，当了齐国国君，是为齐庄公。于是，投桃报李，作为政治酬报，齐庄公让崔杼当了齐国的执政，这还不算，他和崔杼的关系很是密切。

崔杼和东郭姜（即棠姜）结婚后，齐庄公像往常一样，不时到崔杼家走动。他被东郭姜非凡的美貌所打动，竟然发展到和她私通。此后，他到崔杼家走动的频率，就明显增加了。

没有不透风的墙。崔杼终于知道了齐庄公和东郭姜私通的事情，其怒可知。可是，尽管他贵为执政，但齐庄公是国君，因此，他一时无法找到解决问题的办法。可是，这样的耻辱，当然是不能不洗刷的。崔杼计划借助晋国的力量来打垮齐庄公，没有成功。不过，崔杼并未轻易罢手，他继续想别的办法，等待机会。

齐庄公的贴身随从叫贾举。某次，因为某件事情，齐庄公把贾举打了一顿鞭子，贾举怀恨在心，图谋报复。崔杼知道了这件事，就利用贾举，让他帮助自己，向齐庄公复仇雪耻。

崔杼他们的机会终于来了。公元前548年的某日，齐国的附庸莒国的国君前来朝拜齐庄公，按照惯例，崔杼应该参加。可是，崔杼不想见到齐庄公，以免心情更加恶劣，就托病请了假。

色迷心窍的齐庄公，知道崔杼病了，觉得这又是一个机会，他又可以有个去崔杼家见东郭姜的借口了。

第二天，齐庄公就前往崔杼家，说是去探病，慰问因病请假的崔杼。但到了崔杼家，齐庄公不去看崔杼，而是急忙找东郭姜。

东郭姜色胆再大，有崔杼在家，她也不敢和齐庄公幽会。于是，她见到齐庄公就避开，走进崔杼也在的房间，和崔杼从侧门离开。

齐庄公不知道深浅，竟然就追进那房间。进了这个房间，齐庄公不见东郭姜，竟然拍着大柱子唱起情歌来，这大约是他和东郭姜约定的暗号。

崔杼见齐庄公如此欺人太甚，是可忍，孰不可忍？于是，他向部下发出了预先约定的进攻暗号。

可怜的齐庄公，情歌没有招来东郭姜，却招来了一群武装人员！这些武装人员，对他狠狠地实施围殴！

齐庄公逃出房间，逃到一个高台上，急忙叫随从，随从却只有一个贾举，而贾举仅仅是冷眼旁观而已。原来，齐庄公的随从都被贾举挡在大门之外，大门早已被贾举关闭。随从即使听到齐庄公的叫唤，一时半会儿也进不来。

齐庄公在高台上，被那伙如狼似虎的武装人员围殴，自然不是对手。他请求对方放了他，对方不允许；请求谈判，对方仍然不允许；请求让他在祠堂里自杀，对方还是不允许。他们说："我们只知道奉主人之命打擅自进入我家的淫贼，不知道其他的命令！"他们继续向齐庄公进攻。

绝望之下，齐庄公奋力一搏，逃到墙边，翻身上墙，如果翻到墙外，他很可能就可以逃脱了。这时，有人见他要逃，向他射了一箭，正好射在他的一条大腿上。他没有能够翻过墙头，落在墙内了。

众人一拥而上，把齐庄公杀了。崔杼怕贾举泄密，命人把旁观的贾举也杀了。门外，齐庄公的随从们不知道发生了什么事情。大门打开，崔杼的人出来，把随从中几个有名的人物也一起杀了。后来，又有多个官员自杀或被杀。

崔杼杀了齐庄公，就立齐灵公的另一个儿子杵臼，也就是齐庄公的一个弟弟，为齐国国君，这就是齐景公。崔杼自己任右相，庆封为左相。

这个事件，看上去似乎是通俗文艺中的情节，但实际上完全是政变。庄公当然有错，但总不至于死，何况他还是合法的国君，崔杼也没有经过什么程序，就把他杀了。崔杼这样的人，就叫"乱臣贼子"，人人得而诛之的。

当时，齐国大夫陈无须，也就是后来因为谥号为"文"而被称为陈文子的，他显然没有力量诛杀崔杼，但他不愿意和这样的乱臣贼子生活在同一个诸侯国，所以，他宁可抛弃巨额家产，也要跑到别的诸侯国去！坚决不愿意和乱臣贼子生活在同一个地方！孔子对他的评价是"清"，也就是清高。

有人也许会说："赵老师，您错了。书上明明说，'陈文子有马十乘，弃而违之'，一乘是四，有马十乘，就是有四十匹马。他抛弃的只是四十匹马，您为啥不讲'四十匹马'，而要讲'巨额家产'呢？"

这个问题，问得很好！陈文子是干什么的？放马的吗？如果他是放马的，那么，除了这四十匹马以外，他应该不会有多少家产了，大概会有一片牧场，几间住房，几个马棚吧。可是，陈文子不是放马的，他是大夫，有封地的，当官的。仅仅是马，他就有四十匹，那么，其他的房产、地产、家具等呢？总要和这四十匹马相称吧？因此，他为了不和崔杼这样的"乱臣贼子"处于同一个诸侯国而到别的诸侯国去，所抛弃的，不仅仅是四十匹马，而是巨额的家产。这样的人，当然是"清"了。

那么，孔子为什么说陈文子还没有达到仁的境界呢？因为他够不上"智"的境界。就这一章看，陈文子的"不智"，表现得很明显。他不愿意和乱臣贼子同处一个诸侯国，而躲避到别的诸侯国去，那么，他进入别的诸侯国之前，总要了解一下，那个诸侯国有没有乱臣贼子吧？他没有。到了这个诸侯国，才发现，这个诸侯国也有乱臣贼子，不能住；再跑到另一个诸侯国，一看，啊，这个诸侯国也有乱臣贼子，于是再跑。这当然不是智者所为。

仁者肯定是智者，陈文子连智者都算不上，怎么称得上仁者呢？

季文子三思而后行

季文子，姓季孙，名行父，春秋时鲁国大夫，历相鲁国宣、成、襄三君，时间长达 33 年，清廉节俭，人称其忠。卒谥文，故称季文子。

此人做事，在做准备的时候，谨慎周详。《论语·公冶长》第 20 章中，孔子说他凡事"三思而后行"。

他当鲁国执政的时候，有一次带一个代表团到晋国去访问。出发前，当然要做许多准备工作。部下向他汇报，说各项准备工作做得已经非常好了。他还不满意，说："如果在我访问晋国期间，晋国的国君去世了，我去参加葬礼，相关的礼仪细节，你们都准备了吗？"

部下当然没有准备，说："这用不到吧，晋国国君年纪还不大，没有听说有什么大毛病。您在晋国待的时间也不长，在此期间，晋国国君去世这样的事情，几乎不可能发生。"

季文子说："万一发生了怎么办？如果我们没有准备，到时候要用，怎么办呢？如果准备好了，用不到，有什么关系呢？"

于是，部下只好去查找相关的规定，制定相关的细节，如果晋国国君去世，正在那里访问的季文子去参加丧礼，应该怎么样做。

考虑事情，做准备工作，固然应该周详缜密，但是，太过则显然不宜。例如，在他访问晋国期间，可能会发生许许多多的事情，例如，地震、火灾、水灾、太后去世、重要大臣去世等，他都要准备，准备得过来吗？

做事情周详缜密的人，往往有只注重细节而忽视全局、只注重目前而忽视长远之患，或者好墨守成规，缺乏开拓精神和创新精神，所以，尽管犯的错误比较少，但难以取得突出的成就。可是，季文子恰恰不是这样的人！他任职期间，采取了若干革命性的改革措施，使鲁国的社会经济等综合实力实现了质的发展。

例如，当时的鲁国私田很多。所谓私田，就是新开垦出来的田，还有就是田主以其他的方式获得的田。这些田，没有法律依据，也不纳税。国家的赋税，是按照"井田制"来的，大于百分之十。季文子实现赋税改革，不论私田公田，都按照面积来交税，税率是百分之十。这既使得国家的税收更加合理，又增加了国家的财税收入，还承认了私田的合法性。这个创举，叫"初税亩"，即开始按照土地亩数收税。

季文子当鲁国执政的时候，他自己和家人都非常节俭，"妻不衣锦，马不秣粟"，也就是说，他的妻妾女儿都没有丝绸衣裳，他家的马只吃草料和粗粮，细粮也不喂的。一个上卿大夫，位高权重，封地的出产、自己的俸禄，都是非常可观的。他们家的生活如此清苦，似乎难以理解。

大夫孟献子的儿子仲孙，就当面问季文子："您如此寒酸，难道不怕文武百官耻笑吗？难道您不顾鲁国的声誉在诸侯国中受到损害吗？"

　　季文子回答："我当然希望自己和家人过好日子。可是，我国的百姓，许多人吃粗粮、穿破衣，甚至缺吃少穿。百姓在过苦日子，我不能让我和我一家单独过着好日子。我只听说高尚品德才是最高的荣誉，没听说过炫耀美妾良马会给国家争光。"

　　孟献子知道了，大怒，把仲孙禁闭了七天。此后，仲孙在生活上也学季文子。季文子知道了，很是赞赏，晋升了仲孙的官职，让他当了上大夫。上行下效，鲁国朝野崇尚俭朴，成为风气。

　　季文子登上政治舞台的时候，是公子遂当政。公子遂是个铁腕人物，和季孙氏、孟孙氏和叔孙氏在政治上存在矛盾。因此，季文子不能不小心谨慎。他遇到事情三思而行的作风，也许就是这样养成的。

　　值得我们注意的是，他的这种作风，是和他宏远深广的品格紧密结合在一起的，因此，其弊少而其利显著。

宁武子 "愚不可及"

宁武子，名俞，春秋时卫国的一个大夫，武子是他的谥号。他曾经在卫文公和卫成公两个国君手下做过官。

卫文公卫辟疆当卫国国君的时候颇有作为，卫国发展得不错，社会还算安定，社会秩序基本正常。社会安定，社会秩序正常，应该是各种人才施展才华、大干事业的大好年代。在这样的年代，宁武子出来做官，当然是明智的选择，可以干一番事业么！可是，他长期做官，却没有什么建树，没有干成什么事业，可见此人才能平平，所以《论语·公冶长》第21章中，孔子说他"其智可及也"。

卫文公去世后，他的儿子卫郑即位为国君，就是卫成公。卫成公当卫国国君的时候，卫国就不安定了。

之前晋国公子重耳流亡到卫国，卫文公没有对重耳以礼相待，这令重耳很不痛快。重耳回到晋国，当了国君，就是大名鼎鼎的春秋五霸之一晋文公。此人有了实力，就要找卫国的麻烦。

鲁僖公二十八年春（卫成公三年，公元前632年），作为晋楚争霸中的一部分，晋国军队想通过卫国攻击曹国，卫国不同意。晋军就从别的方向攻打曹国，同时攻打卫国。

卫国吃不消，就请求和晋国谈判讲和，晋国不同意。卫成公想和楚国结盟，卫国的不少大夫考虑到晋国强大，且同为中原诸侯国，打击蛮夷楚国，于理有据，所以不同意和楚国结盟。他们为了讨好晋国，就把卫成公赶出了卫国。

晋文公出于战略考虑，下令割卫国的部分领土给宋国，理由是卫国在邻国宋国遭到楚国攻击的时候不愿意提供帮助。当然，这其实还有清算当年卫文公对他不礼貌的旧账的意思在。

楚国派使者宛春进入晋国军队去谈判，所提出的条件中，有晋国让卫成公回国继续当国君这一条。

晋国知道卫成公亲楚国，想和楚国结盟，就想争取卫成公，于是扣押了宛春，私下让卫成公回国继续当国君，显示晋国对卫成公的恩惠。

可是，卫成公知道晋国的这些手段，更知道晋国不可能对他真的友好，所以他仍然心向楚国。后来，楚国军队被打败了，卫成公觉得接下来晋国会对他下手，就逃到楚国，继而又进入陈国。离开卫国的时候，留下的国内事务、外交事务等，他命令大夫元咺（xuǎn）辅佐叔武来处理。叔武是卫成公的大弟弟。

卫成公对元咺是不放心的，对弟弟叔武，他也不是百分之百地放心。他最担心的，就是这个弟弟会不会在他流亡其他诸侯国期间，自立为国君。要知道，这个弟弟，当年是仅次于他的国君之位继承人！类似公司第二大股东联合其他股东来撤换董事长，让自己来当董事长这样的事情，在封建朝廷、诸侯国乃至地方割据政权中，都是不鲜见的。"无情最是帝王家"这句话，也适合于诸侯国的公室。不过，如果没有元咺这位"总经理"的辅佐，叔武也干不成什么。所以，卫成公走的时候，就把元咺的儿子元角带在身边。很明显，这是对元咺的警告和威胁：你如果在我外出期间搞什么花样，那么，你这个儿子就保不住了。说白了，元角就是一个人质。

卫成公到其他诸侯国流亡，因为几乎处处不顺利，所以随行人员越来越少。有一次，有人对他说，大夫元咺在卫国立叔武为国君了。元咺的儿子元角，这时已经是卫成公剩下的少数随员之一。卫成公也不核实消息是否可靠，就把元角杀了。其实，元咺恪守卫成公给他的使命，辅佐叔武，维持着卫国社会的内政外交，并没有立叔武为国君。

后来，晋人让卫成公回国，继续当国君。

经过这些变故，卫国国内的贵族、官员，政治立场比较复杂，卫成公贸然回国，祸福难知。这时，卫成公身边可用的人，已经不多，也就宁武子在那里挑大梁。他出谋策划之外，还具体实施。他先进入卫国，代表卫成公和卫国的重要官员、贵族订立盟约，大致内容是，以前的一切是是非非、恩恩怨怨、误解和隔阂、错误和罪过，都一笔勾销，卫成公绝不会秋后算账。这样就确保了卫成公回国后的安全。

宁武子返回城外，向卫成公汇报了这一切。卫成公很满意。随后，宁武子又进入卫国都城，为卫成公入城安排好一切。

卫成公入城的时候，颛（Zhuān）犬、华仲为前驱。

叔武正要洗头，听说国君大哥进城了，大喜，头也不洗了，也顾不得穿戴整齐就出来迎接。为免披头散发，他就用手握着头发。这时，一箭突然飞来，射在他的要害处。他顿时倒在血泊中，还没有反应过来，就死了。

这箭是谁射的？卫成公的前驱颛犬。那么，颛犬为什么要杀叔武呢？史籍没有明确的记载。后来小说家说，在卫成公流亡期间，颛犬试图联合叔武、元咺废黜卫成公，立叔武为国君。这事如果成功，那是"无数倍利"！如果失败，就后果不堪设想。可是，颛犬的提议被叔武和元咺断然拒绝了。现在卫成公回到卫国，如果叔武或元咺把那事情揭露或者透露出来，以卫成公那种多疑忌的品性，颛犬必死无疑，近亲家族能否保住一些，都不好说。因此，对他来说，杀叔武和元咺灭口，也是一个可行的选择。他当卫成公的前驱，毫无防范的叔武又出现在他的跟前，这给了他一个绝好的机会。于是，他也没有多想，就出手把叔武射死了。这样的假设，尽管是小说家之言，但也合情合理。

大夫元咺呢，忠心耿耿，皇天后土，实所共鉴，但被卫成公错杀了儿子元角，估计对卫成公也没有多少好感。叔武被射杀，他也在现场。可想而知，这对他的刺激有多大！颛犬杀叔武，不管是灭口，还是奉卫成公之命，肯定有阴谋在，对元咺都不是好兆头。叔武已死，下一个就轮到他元咺了。元咺觉得自己在危险之中，就出逃了。

卫成公在车上，看见叔武这样的状态来迎接自己，兄弟情深，很感动。但刚想说话，叔武就已惨死在他的前面！他马上下车，扑向叔武，抚尸大哭，呼天抢地。回过神来时，他发现颛犬早已逃跑，就命令手下立即追杀。

颛犬射杀叔武后，看到卫成公如此反应，知道自己性命难保。三十六计，走为上计，颛犬赶忙逃走。可是，他没有逃脱，还是被卫成公派的人杀了。

这年冬天，元咺组织力量进攻卫成公，卫成公不敌，又逃亡别的诸侯国，宁武子还是跟着卫成公逃亡。元咺在卫国立卫成公的弟弟公子瑕为君,这就是卫中废公。

卫成公得罪的人不少,其中最重要的当然是晋文公。卫成公是否能够回国继续当国君,晋文公是关键人物。卫成公要求得晋文公的宽恕,让晋文公放他一马,这不是容易的事情。

谁有资格可以给他向晋文公求情?想来想去,他想到了周天子。于是,僖公三十年,卫成公到周王室所在的周地,向当时的周天子周襄王请求,设法让他能够回国。

作为朝廷,周王朝当然早就名存实亡,但是,天下的政治风云变幻,周天子还是看得比较清楚的。他知道卫成公的所作所为,也知道晋文公对卫成公的态度。

如何处理卫成公呢?周襄王说:"把卫国国君关在监狱里,这似乎太严重了,不行。让他住在宾馆里呢,似乎对他太客气了,也不行。"于是,他下令把卫成公软禁在一所非常深曲的房子里,加强看守。

可是,朝廷只给卫成公提供了住的地方,至于其他的事情,就一概不管了。卫成公的吃喝拉撒全部由宁武子一个人负责。

周襄王派人把晋文公叫到朝廷,商量如何处理卫成公。晋文公到了周地,派一个叫衍的医生去毒杀卫成公。衍去下毒的时候,被宁武子发现了。宁武子哀求衍不要毒杀卫成公,还给了衍珍贵的宝物作为贿赂。衍觉得君命难违,但宁武子之情可悯,宝物也很值钱,就在配制毒药的时候,把浓度降低了。卫成公被毒,发疯又发病,但总算没有致命。

宁武子又让卫成公的所有随从把所带的美玉之类的所有宝贝都拿出来,倾其所有,送给周襄王和晋文公,请他们允许卫成公回到

卫国，继续当国君。他们终于答应了。

但是，卫国国内的政治势力，是否接纳卫成公呢？卫成公收买了卫国官员周颛、冶廑（qín），说："如果你们能够让我回卫国，继续当国君，我让你们当卿。"

于是，周颛、冶廑就杀了当时卫国的国君公子瑕，也就是卫中废公，以及元咺等重要人物。卫成公顺利回国，继续当卫国的国君。周颛还没有来得及当卿，就暴亡了。冶廑当上了卿，但不久就辞职了。

卫成公屡次流亡在外，常常处于艰辛甚至危险的境地，本来在他身边的官员，不要说那些比较精明的，就是那些智力平常的人，也知道卫成公德才平常，境遇凄凉，眼见没有什么希望，如果不赶紧离开，可能会把身家性命也搭进去，于是一个个溜之大吉。

卫成公身边也没有什么像样的人才了。到周地的时候，卫成公身边的人就更少了。可是，宁武子还傻乎乎地跟着卫成公，不离不弃，不避艰险，尽力周旋，终于帮助卫成公渡过艰危，甚至逃过鬼门关，最后还恢复了政权。

因此，《论语·公冶长》第 21 章中，孔子说他"其愚不可及也"。宁武子这样的"愚"，当然是一般的人"不可及也"。

其实，宁武子的"愚"，是"忠"。

归与！归与！

孔子为什么周游列国？目的是什么？还不是想寻找一个实现他的政治理想的机会！说白了，就是一个做官的机会，有了这样的机会，他才可能把自己的政治思想付诸实践啊！他们找啊找，找不到啊！

孔子六十多岁了，已经到了现在可以退休的年龄了，何况，当时人的平均寿命短，六十多岁，应该是很老的了。这样一个老人，还在为找工作奔波，找了多少年还找不到，也真够令人沮丧的了。中国人是非常看重故乡的，在这样的情况下，孔子当然不免想打道回府。这完全是人之常情。

这时，鲁国国内政治发生了比较大的变化。

这一年秋天，掌握鲁国大权的季桓子病了。他是鲁国实权派人物"三桓"之首季孙氏家族的首脑，长期当鲁国的宰相。也是因为他和孔子之间的矛盾，导致了当年孔子的辞职和周游列国。

某日，季桓子乘着马车望着鲁国的都城，深有感慨地说："当年，这个国家几乎要兴盛起来，可惜，我得罪了孔丘，错失了复兴国家的良机。"他回头对儿子季康子说："我死之后，你肯定会继我当鲁国的宰相。你当了宰相，一定要把孔丘找回来，委以重任。"季康子点头同意。

不久，季桓子就去世了。季康子果然当了宰相。他葬罢他的父亲，就准备派人把孔子找回来，担任重要职务。

可是，贵族公子鱼提出反对意见，说："过去我们先君任用孔丘，有始无终，为诸侯所笑。现在我们又要用他，如果再有始无终，这就要再为诸侯所笑啊。"

季康子问："那么，老宰相的话，就不要听了？"

公子鱼也就让步了。双方妥协的结果是：让孔子的学生冉求回来担任重要职务。

于是，鲁国派出使者，去找跟孔子一起周游列国的冉求。当时，孔子和冉求在陈国。使者到陈国找到冉求，传达了鲁国请他回国的朝命。

《孔子世家》记载，孔子知道了这事情，就对学生说："鲁国现在召冉求回去，不是小用，而是要大用。"他又对子贡说："归乎，归乎！吾党之小子狂简，斐然成章，不知所以裁之。""吾党之小子"指冉求等人。他们志向高远，道德学问才能俱已可观，自然已可出仕，然办事则难免疏略。孔子若在陈，则不知道如何修正他们，救其疏略偏颇，故叹之云云。

孔子为什么要对子贡说这些呢？子贡聪明啊！他能够领会老师的意图：老师要他在冉求面前说话，让冉求在鲁国担任要职后，邀请老师回国，担任冉求的政治顾问啊！

果然，在送别冉求回国的时候，子贡把冉求拉到一边，对他说："你回国后，一旦获得任用，马上请老师回去！"

那么，孔子为什么不自己直接向冉求提出这样的要求呢？要知道，他是老师啊！不能不顾及自己的面子。

孔子终生未忘情于政治。先是从政，半途而废，继而周游列国，冀有所遇而不得，遂思归以传道于弟子，让弟子行其道而实现其政治抱负。继又知鲁国召冉求为官，孔子又不甘于仅传道，而是欲当从政弟子的政治顾问，虽不在行政之位而具行政之实。知师之深，莫若高足。子贡闻弦歌而知雅意，所以劝诫冉求。

可是，不知道什么原因，冉求在鲁国担任要职后，并没有马上请孔子回国担任他的政治顾问。此后又过了五六年，孔子才回到鲁国。"然鲁终不能用孔子，孔子亦不求仕"。可是，孔子仍有影响鲁国政治的力量，其门人在鲁为官的不少，他们以及当局的其他要员，常就政事向孔子请教，故事实上孔子归鲁后确实行"裁之"之事。

伯夷、叔齐不念旧恶

商朝，有个诸侯国叫孤竹国，国君姓墨胎氏。

到商朝末年，当时的国君孤竹君有三个儿子，都已经成年。老大名允，字公信，后来他去世后，谥号为伯夷，所以，历史上就叫他伯夷。老二名字不详。老三名智，字公达，后来谥号为叔齐，所以，后来大家也都称他为叔齐了。按照当时的礼法，嫡长子继承国君之位。可是，孤竹君有传位给老三的意向。

孤竹君去世后，按照礼法，即国君之位的，应该是老大伯夷。可是，伯夷认为，还是应该按照他父亲的遗愿，让叔齐当国君。他不愿意当国君，就出国躲避。

既然如此，贵族们就让叔齐当国君。可是，叔齐认为，他是老三，如果当了国君，就礼法来说是不合的，就兄弟之情来说也是不义之举。于是，他也出国躲避，找到大哥，两人一起过流亡生活。

他们听说周文王实行仁政，社会治理得很好，对老人尤其好，就往周地去。接近周地边境的时候，他们得到了周文王去世的消息，不久又听到周武王出兵造反、要进攻商纣王的消息。他们继续前进，正好遇到带着部队前进的周武王，他们就抓住周武王的马缰绳，责问周武王："您的父亲去世，您不举行葬礼，这难道是孝吗？

您以臣下而去进攻天子，这难道是仁吗？"

周武王的部下上前，想对他们动武，一旁的姜太公说："他们也是讲节义的人，不要伤害他们。"他们就被拉到一边去了，眼睁睁看着周武王的军队继续前进。

商朝灭亡后，伯夷、叔齐拒绝和周王朝合作，不食周粟，隐居首阳山，采野菜而食，饥饿而死。鲁迅先生《故事新编》中，有篇小说叫《采薇》，就是写他们的故事。

这两个人，对别人的要求特别严格。孟子说他们"不立于恶人之朝，不与恶人言"。例如，如果你是他们的朋友，你见到他们的时候，向他们打招呼，但他们不理睬你。到照镜子的时候，你发现自己的帽子戴歪了，这才恍然大悟：帽子戴歪了，怪不得伯夷、叔齐不理睬我！

伯夷、叔齐对人要求高到这样的程度，嫉恶如仇到这样的程度，恐怕没有多少人愿意和他们做朋友，可能还会有很多人讨厌他们。可是，事实上，讨厌他们、怨恨他们的人是很少的。奥妙何在？四个字：不念旧恶。你有错误，他们会对你狠；你改正了，他们就会对你很好，不会记着你的错误。因此，《论语·公冶长》第 23 章中，孔子评论他们："伯夷、叔齐不念旧恶，怨是用希。""是用"是"因此"的意思。

和伯夷、叔齐行事风格相反的是柳下惠。不要说你帽子戴歪了，就是你衣冠不整，乃至赤身露体，就坐在他旁边，他都不会来说你。他认为，你是你，我是我。你的言行和我有什么关系呢？孟子认为，伯夷、叔齐失之于狭隘，柳下惠失之于不恭。

如果这两种风格，让你选一种来实践，你会选伯夷、叔齐的呢，还是选柳下惠的呢？你更愿意和伯夷、叔齐在一起，还是更愿意和柳下惠在一起？为什么？

师生三人言志

《论语·公冶长》第 26 章中说，某日，颜渊、季路陪孔子坐着。

孔子说："何不各自谈谈你们的志向呢？"

子路说："我希望我的车马轻裘能与朋友共享，即使用坏了也没有什么遗憾。"

颜渊说："我希望自己不夸耀自己的长处，不张扬自己的劳绩。"

子路说："希望听听老师您的志向。"

孔子说："安抚老人，关怀少年，取信朋友。"

子路所言之志，是和朋友共享富贵。当时，有车马、轻裘的，当然是富贵者。可见他名利心是比较重的，且比较注重物质生活资料方面。颜回之志，不夸耀自己的长处，不宣扬自己的劳绩，这纯粹是从自身思想修养而言。孔子之志，境界最高，都是从对方的感受着想：老者因我而安，朋友因我而信，青少年因我而得到关爱。

孔子的好学

《论语》中，孔子最为自负的，就是好学。《论语·公冶长》第28章中，孔子说："十室之邑，必有忠信如丘者焉，不如丘之好学也。"《论语·述而》第2章中，孔子说："默而识之，学而不厌，诲人不倦，何有于我哉？"《论语·述而》第3章中，孔子说："德之不修，学之不讲，闻义不能徙，不善不能改，是吾忧也"。《论语·述而》第34章中，孔子说："若圣与仁，则吾岂敢？抑为之不厌，诲人不倦，则可谓云尔已矣。"公西华曰："正唯弟子不能学也。"《论语·泰伯》第17章中，孔子说："学如不及，犹恐失之。"孔子主张终身学习。《论语·里仁》第8章中，孔子说："朝闻道，夕死可矣。"

《论语·述而》第19章中，叶公问子路，孔子是怎么样一个人，子路觉得没法回答，就没有回答，因为孔子太丰富了，他不知道从何谈起。孔子知道了，就对子路说："你怎么不这样回答？就说'其为人也，发愤忘食，乐以忘忧，不知老之将至云尔'。"

孔子年轻的时候，经常梦见周公。为什么他会经常梦见周公呢？孔子研治典籍，欲得周公之道而行之，雄心勃勃而又用功至勤，以致常常形诸梦寐，甚至在梦中有所得。后来，孔子欲行其道而不得，年华老去，身体衰惫，求道之精勤，不能如当初，故不似当初那

样，常常梦见周公。所以，《论语·述而》第 5 章中，孔子表达了这样
的感叹："甚矣吾衰也！久矣吾不复梦见周公！"于此可见孔子昔日
行道雄心之盛，求道之精勤，及老来那种历尽坎坷，雄心虽在而力
已不能从之的深深的无奈、遗憾和悲凉。

　　《论语·为政》第 4 章中，孔子说："吾十有五而志于学，三十而
立，四十而不惑，五十而知天命，六十而耳顺，七十而从心所欲，不
逾矩。"大意是说："我十五岁起有志于学习，三十岁时学问有所成
就，四十岁起就于立身行事无所疑惑，五十岁起就知天命，六十岁
起听别人的意见不觉得逆耳，七十岁起言行随心所欲，也不会逾越
规矩。"可见，孔子确实是实践终身学习的理念的，他的思想、学问、

修养和品格等，一直在不断进步。

　　孔子如此好学，不仅使他成为了一个思想博大精深的圣人，也使他多才多艺。《论语·子罕》第 2 章中，达巷党人说："大哉孔子！博学而无所成名。"意思是说："孔子真伟大啊！学问广博，多才多艺，我们想不到用什么专家来称呼他。"孔子知道了，就对他的学生说："我专门于哪个方面呢？专门于驾车吗？专门于射箭吗？我专门于驾车。"孔子博学多才，多所成就，而不偏以一技之长成名，故达巷党人如此赞美他，而感叹无以名其才艺所长。孔子的意思是说，如果一定要以某一专长来称呼他，那在长于射箭和长于驾车之间，他愿意说长于驾车。因为御者为仆，所执较射者为卑。孔子之谦下，于此可见。《论语·子罕》第 6 章中，太宰和子贡，都赞叹孔子"多能"。

　　孔子对他唯一的儿子孔鲤说："一个人，外表再英俊，力气再惊人，祖先再显赫，门第再高贵，都不足称道。要想有个美好的声誉，传播四方，流传后世，不认真学习，那是不可能的。"

孔子鼓励冉雍要有信心

　　春秋时鲁国菏泽之北，有一家姓冉的人家，据说是周文王之子冉季的后裔。这家男主人叫冉离，女主人为颜氏。他们生了两个儿子，长子冉耕，次子冉雍。颜氏去世后，冉离续娶公西氏，生了一个儿子，为冉求。后来，公西氏听说孔子在他的家乡曲阜阙里办学，广收门徒，就命三个儿子都到孔子那里去学习。冉家三兄弟后来都成了孔门的优秀学生，并且都在"孔门十哲"之列，世称"一门三贤"。

　　冉雍，字仲弓，在孔门属"德行"科。《论语·公冶长》第5章中，有人说他"仁而不佞"。仲弓为人厚重简默，不长于言辞，故时人赞美其长而许其仁，病其短而惜其不佞。"佞"，这里指会说话。孔子认为，长于言辞，没有必要。

　　《论语·雍也》的第1章，就是孔子赞扬冉雍："雍也可使南面。"这里说的"南面"，就是一把手的意思，赞扬冉雍有独当一面的行政才能。

　　当时，掌握鲁国实权的大夫季桓子看中了冉雍，请他担任季孙氏封地的行政长官，处理季孙氏家族的事务，实际上就是参与鲁国的政务。冉雍把这个消息告诉了孔子。《论语·雍也》第6章中，孔子就对他说："犁牛之子骍（xīng）且角，虽欲勿用，山川其舍诸？"

那么，这几句话是什么意思呢？孔子又为什么要对冉雍说这些呢？

古代祭祀用牺牲，讲究极严，牛必须用"骍且角"的牛，也就是赤色而角周正而美的。杂色毛的牛，乃种类低劣之牛，与祭祀用牛的要求相去甚远，连作牺牲的资格都没有的，只能犁地，所以叫"犁牛"。杂色毛的牛所生"骍且角"的牛，即使人们因其父或其母杂毛而不用它祭山川之神，山川之神也不会因其父或其母杂毛而舍弃它的，因为它本身是实实在在符合祭祀用牲的标准的。此语必有寓意在。

据《史记·仲尼弟子列传》，仲弓父为贱人，社会地位低下。因此，仲弓也许对孔子表达了信心不足的意思，或者，孔子看出他信心不足，所以用这些话来鼓励仲弓。说贱人之子为大器者，终不会因其父为贱人而不为世所用。仲弓德才兼备，自当大用于世，不要因为父亲地位低下而自卑。孔子显然不是血统论者。

春秋时晋国大夫臼季，知冀芮之子冀缺甚贤，荐于文公。文公曰："其父有罪，可乎？"臼季对曰："国之良也，灭其前恶。"（见《国语·晋语五》）这也是不因父废子的事。用人当唯德才是举，不可拘泥于家庭出身。春秋时代尚且如此！

那么，犁牛之子是否有可能"骍且角"？完全可能。唐代，某大户人家，儿媳妇生了儿子，但这个婴儿完全是胡人形貌。消息报到老爷子那里，老爷子大怒，说我们世世代代都是汉人，怎么可能生出个胡儿？肯定是儿媳妇不地道。于是，他下令把那婴儿丢了！正在这时，掌管马匹的人来报告老爷子："奇怪啊！我们家的马都是枣红马，没有别的颜色的，配种都是用自家的马，怎么这次生了匹白马？"老爷子听了，心中一惊，赶忙命人先不要丢掉那个胡儿。然后，命令管理马匹的人查这白马的血缘，另一方面，拿来家谱，细细翻查祖先的情况。不久，管理马匹的人来报告，说向上查了五六代，找到了。某次主人坐马车到亲戚家去，拉马车的母马正好发情，就用亲戚家的白色公马配种了。当年母马生的是枣红马，以下几代也都是枣红马，直到这时，才生下了白马。老爷子查家谱，也有收获，向上查了五六代，发现某个老祖母是胡人。这样，问题都解决了，当然，胡儿不能丢了，确实是他们家的孩子。这就是唐人"白马救胡儿"的故事。

冉雍的为政风格，是"居敬行简"，认为"居简而行简，无乃大简乎"！这就是说，平时在生活中养成认真、严谨的习惯，做准备、做计划的时候，谨慎周详，具体实施的时候，根据客观情况，可以删繁就简。如果平时就喜欢简单化，做计划、做准备的时候就简单，实施的时候又进一步简单化，那么，就未免太简单了，必有疏略之处而影响效果。

冉雍恪守孔子的教导，和季桓子的政治理念之间有较大的差距。他当季桓子的家宰，季桓子对他"谏不能尽行，言不能尽听"，冉雍拒绝作出让步，就辞职了。此后，他就回到孔子那里，经常和孔子在一起。

孔子见子桑伯子

相传，某次孔子去见子桑伯子，子桑伯子穿着平常的服装，且衣冠不整，接待了孔子一行。

他们离开子桑伯子家后，孔子的学生抱怨："老师，子桑伯子这个人，起码的待客礼貌都不懂。这样的人，去见他干什么，纯粹是浪费时间！"

孔子说："你们不知道啊，其实，子桑伯子这个人，本质上是很好的，他的缺点，就是不重视礼文，显得粗野。我之所以要去见他，是因为想让他知道一些礼文，教化他一下，让他在这方面有所改善。"

与此同时，子桑伯子的学生见孔子一行离开后，也在抱怨："老师，孔丘他们那一伙人，酸溜溜的，臭规矩特别多。这样的人，见他干什么，纯粹是浪费时间！"

子桑伯子说："你们不知道啊，其实，孔丘这个人，本质上是很好的，他的缺点，就是臭规矩特别多。我之所以要见他，是因为想让他去掉一些臭规矩，教化他一下，让他在这方面有所改善。"

改变一个人，有多难啊！

好学的颜回

《论语·雍也》第 3 章中记载，某日，鲁哀公问孔子："您的学生中谁称得上好学？"

孔子说："有个叫颜回的很好学，他不迁怒于人，不犯两次相似的错误。但他不幸短命去世了。现在没有了，没有听说哪个学生可以称得上好学的了。"

《论语·先进》第 7 章中，季康子问孔子："您的学生中，哪个能称得上好学？"

孔子回答说："有个叫颜回的称得上好学，不幸他命短，已经去世了。现在，我学生中就没有称得上好学的了。"

孔子弟子三千，贤者七十二，而在孔子看来，能够称得上"好学"的，也就是颜回一个人。可见，"好学"也是不容易做到的，孔子不轻易使用"好学"的称号到这样的程度。

颜回是如何"好学"的呢？

首先，颜回学习非常投入，不知疲倦。《论语·子罕》第 20 章中，孔子说："我讲课的时候，总是听得不知道倦怠的人，也许就是颜回吧！"

看来，当教师确实是很难的。孔子的教学内容，当然是第一流的，儒家之道，正大堂皇。孔子的教学方法，循循善诱，当然也是第一流的。学生呢？贤如七十二子，古往今来，比他们更加优秀的学生，能有多少？可是，听孔子讲课而不打瞌睡的，只有颜回一个！颜回能超越七十一子而成为"复圣"，看来也是有原因的，听课不打瞌睡，就是原因之一。

其次，颜回过着贫穷的生活，却仍然能够用功学习，而不是去追求舒适的物质生活。

颜回家里很穷，根据现存的资料，在同门中，除了原宪外，似乎没有人比他更穷了。可是，尽管住得差、吃得差，他一点儿也不在意，仍然专注于学习，追求真理。《论语·雍也》第 11 章中，孔子说："颜回真贤良啊！用竹筐吃饭，用瓢喝水，住在简陋的巷子里。别人忍受不了那种生活，而颜回一点也没有减少他的快乐。颜回真贤良啊！"颜回之所乐，是乐于求道。求道之心至切至笃，所以并不介意贫困，也就不会放弃求道而去谋求富贵。但是不介意富贵易，不介意贫困难，非至笃至切于求道者不能。这是颜回之所以远胜旁人的原因。

在孔门弟子中，子贡是拥有财富最多的人之一，可是，在学习方面，子贡就远不如颜回用功。因此，《论语·先进》第 19 章中，孔子就把他们两个做比较，说："颜回的思想修养大概接近道了，常常缺吃少穿。子贡不听我要他学道的话，去做买卖，他预料市场的走向，倒屡屡能中。"两相对比，孔子赞扬颜回，批评子贡，是很明显的。

其三，颜回善于向老师和同学请教。例如，《论语·颜渊》第 1 章中，颜渊问如何做到仁，孔子说："克己复礼为仁。有一天大家都这样，天下就归向仁了。"

颜渊说:"请问哪些具体的条目。"

孔子说:"非礼勿视,非礼勿听,非礼勿言,非礼勿动。"

颜渊说:"我虽然不聪明,请看我实践这些话吧。"

《论语·卫灵公》第11章中,颜渊问如何治理一个国家。孔子说:"依照夏朝有关政事、农事的时序安排行事,乘坐殷式的大车,戴周式的帽子。乐曲就用《韶》舞,抛弃郑国的乐曲,远离善于花言巧语、阿谀奉承的人。郑国的乐曲淫靡,善于花言巧语、阿谀奉承的人危险。"实际上,这就是按照历代文化中最为优秀的部分来做。

《论语·子罕》第11章中,颜渊觉得孔子之道实在博大精深,喟然长叹道:"越是仰望就越感到高大,越是钻研就越感到坚固;看看就在前头,忽然又在后面。先生善于一步步地劝导人,用各种典籍使我渊博,用礼制来约束我。我欲罢不能,竭尽了我的才能,好像所取得的成就卓然。虽然想进一步追求,但又觉得没有路了。"

颜回也善于向同学学习。有一天,他和子路一起,在洙水中游泳,看到一只五色鸟,很漂亮,但他不知道这种鸟的名字,就问子路。子路对他说,这种鸟叫"荧荧"。

过了几天,颜回和子路又在泗水游泳,又看见这种鸟。颜回问子路:"你知道这种鸟的名字吗?"

子路说:"这鸟叫'同同'。"

颜回道:"前几天,你告诉我这种鸟叫荧荧,现在你怎么又说叫同同了?同样一种鸟,怎么有两个名字呢?"

子路说:"这有什么奇怪的?例如丝绸,煮之则为帛,染之则为皂。一鸟二名,不也是可以理解的吗?"

可见,对此类知识性的小事,颜回也是不肯马虎的。

　　颜回如此好学，思想文化方面，发展潜力极大。可是，很不幸，他身体不好，三十二岁的时候就英年早逝了。《论语·子罕》第 21 章中，孔子谈颜回，说："真可惜呀，我看到他的进步，没有看到他能到达的境界。"《论语·先进》第 9 章中记载，颜回去世后，孔子大呼："天丧予！天丧予！"

　　《论语·先进》第 10 章中记载，颜渊死后，孔子哭他哭得极为悲痛。

　　孔子的随从道："您极为悲痛了！"

　　孔子说："是极为悲痛吗？不为此人极为悲痛，还要为谁极为悲痛呢！"

　　如果孔鲤死而孔子呼"天丧予"，如此伤心，并不为奇，但死者是颜回，孔子为什么说"天丧予"？为何如此伤心？这当然是有原因的。

除颜回外，孔门其余弟子，即使是贤者，也仅能得孔子之道的一方面而已。颜回于孔子所教"无所不说"，为孔门中之最贤者，能全面继承并弘扬孔子之道，因此孔子对他寄予传道厚望。颜回早亡，孔子之厚望尽化乌有，故有"天丧予"之叹。

当然，即使在学习方面，颜回也是有缺点的。颜回的智商，应该是很高的。《论语·公冶长》第9章中，孔子对子贡说："你与颜回哪个强？"子贡回答说："我怎么敢想赶上颜回呢？颜回是闻一知十，我才闻一知二。"孔子说："不如他，我和你都不如他。"

可是，颜回的情商，应该在子贡、子夏等同学之下。他有个缺点，不善于和人家交流。《论语》中，他也是多次向孔子请教的。他有问题，孔子回答，他就不会提进一步的问题了。《论语·为政》第9章中，孔子说："我对颜回说一整天，他也没有一点儿疑问，像个愚笨之人。讲学结束后，我观察到，他日常生活中的言行，也足以体现出我给他讲解的道理。颜回不笨啊！"《论语·先进》第4章中，孔子说："颜回这个人呀，不是对我有所帮助的人，我的话，他没有不喜欢的。"

当时就有古语，说"教学相长"。可是，孔子给颜回讲课，颜回只有提问，从来也不发表意见，如打乒乓那样，他打过去，孔子打过来，就结束了。作为老师，孔子也没有办法在这样的教学中得到启发。子贡、子夏和孔子交流，就不一样。孔门的同学之间，也常有交流的。可是，颜回极少和同学交流。这样的个性，应该说，对他的进步是不利的。

君子周急不继富

公西赤，字子华，又称公西华，鲁国人，也是孔门七十二贤之一。

《论语·雍也》第 4 章中记载，孔子在鲁国当大司寇、代理宰相的时候，某一次，他派公西赤到齐国去出差。在当时的体制下，这完全符合相关的规定，也符合当时学生和老师关系的规定。

在公西赤出差期间，冉有为他的母亲向孔子要粮食，作为他出使齐国的报酬。在当时，工资一般是以粮食的形式支付的。

孔子说："就给她一釜小米吧。"釜是当时的量度单位，据说一釜相当于后来的六斗四升。

冉求请求增加一些，说一釜太少了。

孔子想了想，说："那就给她一庾。"庾是当时的量度单位，相当于后来的十六斗。

可是，冉有竟然自作主张，给了公西赤母亲五秉粟。秉也是当时的量度单位，相当于十六斛。十斗为一斛。（这些计量单位，在历史长河中，有变化。即使是春秋时代，各地也不尽一致。但釜小于庾，庾小于秉，是肯定的。）

孔子知道后，说："公西赤到齐国去，拉车的是肥马，穿的是轻裘。我听过有这样的说法：'君子周急不继富。'"所谓"君子周急不继富"，就是"君子周济穷迫之人，不资助富有之人"。

原思为孔子当家相，孔子给他的俸禄是九百斗粟，原思推辞。孔子说："不要推辞！你家用不完，把这些粟送给你的邻里乡亲吧！"

这一故事的核心思想，就是"君子周急不继富"，也就是要雪中送炭，而不必锦上添花。世俗好行锦上添花而不肯行雪中送炭，都是势利的缘故。

公西赤使齐，乃短期差使，而没有常规的俸禄，况且他家富有，所以孔子没有给他多少粮食。他的同学冉有，请孔子多给公西赤家一些，并且违背孔子的话，多给了他家很多粮食。于是，孔子批评冉有。

原思生活很节俭，家里也很穷，但是，他推辞九百斗粟的俸禄，孔子不许他推辞，因为原思担任的是宰，宰是常规的职务，按照规定，有常禄，也就是正常的俸禄，常禄不当辞，更何况他家还很贫困呢！

几个关于人才的故事

《论语》中，关于人才的故事和论述不少。

人才非常重要。《论语·泰伯》第 20 章中记载，孔子说，舜有五位能臣，把天下治理成太平盛世。周武王推翻商纣王，建立周王朝，这个过程中，多少大事，但他的能臣也不过十位，其中还包括一位女子。

那么，人才哪里来呢？当然要由评价、发现、荐举而来。

如何评价人才？《论语·雍也》第 6 章中记载，孔子对出身比较低微的冉雍说："杂毛牛所生的小牛通体红色，而且两角长得很周正，祭祀者虽然想不用它作祭品，山川之神难道会舍弃它吗？"意思是说，尽管冉雍的父亲社会地位比较低，但是冉雍本人很优秀，所以，他一定会被执政者任用的。

孔子认为，评价人才，不能拘泥于他的出身，要看他自身的素质和言行。当时，是贵族政治向官僚政治过渡的时期。贵族政治讲究血统，官僚政治讲究才能。孔子这样的观点，显然是反血统论的，是适应这样的变化的，在当时，具有鲜明的进步性。

孔子认为，担任官职的人，发现人才、向当道者荐举人才，是一项重要的任务。《论语·雍也》第 14 章中记载，孔子的学生子游当武城邑宰期间，孔子问他："你发现了什么人才没有？"子游回答说："有个叫澹台灭明的，走路不走捷径，不是因为公事，从来没有到过我的办公室。"这样的人，凡事坚持原则，不肯苟且，踏实严谨，且没有私心，品德高尚，也能办事，当然是难得的人才了。

《论语·子路》第2章中记载，冉雍担任季氏采邑费地宰，请教如何为政。孔子的回答中，就有"荐举贤能的人才"一条。冉雍进一步问："怎么了解人才来荐举呢？"孔子说："荐举你所了解的，你所不了解的，人家会舍弃他们吗？"荐举人才，当然只能荐举自己了解的人才。可是，自己不了解的人才，别人也可能不了解，这样的人才，会不会被忽视而得不到任用呢？有没有这样的可能？这不是可能，而是千真万确的普遍事实！古今中外，体制外的人才，总是远远多于体制内的人才的。如果体制外的人才多到一定的程度，且不为体制内人才所控制，成为体制的异己力量，再加某些条件，社会就会产生问题，导致不安定了。

《宪问》中，公叔文子举自己的家臣，让他与自己同列，孔子赞道："可以为'文'矣！"《卫灵公》中，大夫臧文仲压制贤者，明明知道柳下惠是个贤者而不荐举他，孔子就批评臧文仲"窃位"，也就是窃据了职位，而不履行职责。

发现了人才，还要合理地任用他们。

古书记载，一天，子路问孔子："应该如何治理国家？"

孔子回答："治理国家的关键，在于尊贤而贱不肖。"

子路进一步问："晋国的范中行氏尊贤而贱不肖，但也灭亡了，这又是什么原因呢？"

孔子说："范中行氏尊贤而不能用也，贱不肖而不能去也。贤者知道他不用自己而怨恨范中行氏，不肖者知道他以自己为贱而以范中行氏为仇敌。贤者怨之，不肖者仇之，如此怨仇一起来，范中行氏尽管不想灭亡，能够吗？"

关于合理使用人才，《论语》中至少讲了三点。第一，人才各有所长，也各有所短，应当用其长而避免用其短，做到不使人才错位，使人才都能得到最佳位置，尽其长，尽其才。《宪问》中，孔子说，鲁国大夫孟公绰德高望重，政治经验和社会经验丰富，即使是实力非常强大的政治实体让他担任顾问，他也可以是一个优秀的顾问，但是，即使像滕、薛那样的小国，体量那样小的政治实体，让他当第一线的官员，他肯定干不好，因为他缺乏当第一线官员的行政才能、政治手腕和充沛的体力。

《论语·雍也》第 8 章中记载，鲁国的当政者季康子问孔子："仲由可以让他从政吗？"

孔子说："仲由果敢，在从政方面有什么困难呢？"

季康子又问："端木赐可以让他从政吗？"

孔子回答道："端木赐通达，在从政方面有什么困难呢？"

季康子继续问："冉求可以让他从政吗？"

孔子回答道："冉求多才多艺，在从政方面有什么困难呢？"

孔子在回答某个学生是否可以从政之前，都明确告诉对方该同学的最大特点，这也是提醒季康子，要注意用他们之长。

《论语·公冶长》第 8 章中记载，孟武伯问道："子路达到仁的境界了吗？"

孔子说："仲由这个人呀，一般规模的诸侯国，可以让他掌管军事，但我不知道他的仁怎么样。"

孟武伯又问："冉求怎么样呢？"

孔子说："冉求这个人呀，大邑和一般的大夫之家，可以让他管理行政事务，但我不知道他的仁怎么样。"

孟武伯又问"公西赤怎么样？"

孔子说："公西赤呀，可以让他整肃朝服，在朝堂之上接待宾客，但我不知道他的仁怎么样。"

孟武伯也是掌握鲁国实权的人物之一，孔子对他强调子路等三个学生在为政方面所擅长的事务，也是向孟武伯推荐他们，委婉地让孟武伯用他们的长处。

第二，对人才不能求全责备。金无足赤，人无完人。如果求全责备，就无人可用。《子路》中，仲弓问政，孔子所答，就有"赦小过"一条。《子路》中，孔子又说，君子用人是"器之"，用人用其长而已；小人用人是"求备焉"，结果必然是失去大量可用之才，所得也未必是美才。

第三，善于博采众长，实行人才组合。为政者不一定是某一方面的专家，更不可能是各方面的专家。《宪问》中，孔子说，郑国每次撰写外交文书，先由善谋的裨谌起草，再由长于学问的世叔分析研究，再由通晓外交事务的外交官子羽修改，最后由相国子产亲自润色。故在子产相郑期间，郑国应对诸侯，鲜有败事。其实，不独起草外交文书，其他政事，子产也多集众长而成之。

祝鮀（tuó）之佞与宋朝之美

《论语·雍也》第16章，提到"祝鮀之佞"与"宋朝之美"，这两位究竟是什么样的人呢？

祝鮀，字子鱼，春秋卫国人，卫灵公时期，官太祝，所以叫他"祝鮀"。此人以口才敏捷、善于应对闻名于世。

鲁定公四年，周王室大臣刘文公召集诸侯，订立盟约，商讨共同应对楚国威胁的事情，卫灵公也接到邀请，准备参加。卫子行敬子对卫灵公说："诸侯国会议，麻烦的事情很多，建议让祝鮀随您去。"卫灵公同意了。可是，祝鮀说："我是负责国家祭祀的官员，分内事情，我还怕干不好呢！如果再让我参与外交活动，更是要我犯大错了。按照礼法，通常情况下，祭祀官员是不出境的。国君带兵出征，祭祀官员才随着出境。您到刘国参见会盟，这是嘉礼，不是军礼，我去不合适。"卫灵公却坚持要祝鮀去。于是祝鮀只得从命。

到了开会的地方，祝鮀私下向刘文公手下的大夫苌弘核实情况："听说会上排的位子是蔡国在我们卫国前面，是真的吗？"苌弘说："是的。"祝鮀问原因。苌弘说："蔡国国君的祖先蔡叔，是卫国国君祖先康叔的哥哥，我们是这样排位子的。"

祝鮀说："这样排是不合理的。先王崇尚德行，而不分长幼。武王的弟弟有八人，周公为大宰，康叔为司寇，聃季为司空，其余五人没有听说有官，难道是以长幼为重吗？蔡叔勾结商朝遗民造反，死在流放地，他的儿子蔡仲德行良好，继承蔡地。以前的会盟，卫国也总是排在蔡国之前的，有文件可查。"祝鲍顺口讲了很多历史事件。

苌弘听了，觉得有理，就马上向刘文公报告。刘文公和苌弘、范献子等认真研究，就把卫国的位子排在了蔡国前面。

宋朝是春秋时宋国公子，和卫灵公同时，以长相俊美闻名。卫灵公的夫人南子，为宋国的公主，和公子朝是同一个父系家族的，但他们之间有男女私情。南子嫁给卫灵公后，仍然和公子朝私通。卫灵公的儿子太子蒯聩，某次到齐国进行外交活动，经过宋国，宋人知道他的身份，就向他唱道："既定尔娄猪，盍归吾艾豭。"意思是说："你们那只发情的母猪既然安定了，何不把那只漂亮的公猪还给我们啊！"蒯聩听了，当然怒火中烧。后来他想杀南子，这是主要原因。(参看本书《子路之死》)

齐国和鲁国文化精神的比较

《论语·雍也》第 24 章中,孔子说:"齐一变,至于鲁;鲁一变,至于道。"这意思是说,齐国经过一番变革,才能达到鲁国的境界;鲁国经过一番变革,才能达到道的境界。鲁国离道,较之于齐国离道,距离要近。当时这两个诸侯国的综合实力哪个强呢?当然是齐国。孔子评价这两个诸侯国,看的是文化精神,而不是看的综合实力。

那么,齐鲁两个诸侯国的文化精神,到底有什么差别呢?这样的差别,是如何形成的呢?这是有故事的。

周王室得了天下后,分封亲属和功臣。周武王的亲弟弟姬旦,也就是周公旦,被分封在鲁地,建立鲁国。大功臣吕望,也就是姜太公,分封在齐地,建立齐国。参加受封仪式的时候,他们相见,免不了讨论如何进行社会治理。

姜太公问周公旦,如何治理鲁国。周公旦回答:"尊尊亲亲。"姜太公道:"鲁从此弱矣。"

周公旦问姜太公:"那么,你如何治理你的齐国?"

姜太公回答:"举贤赏功。"

周公旦道:"果真如此,齐国后世必有被劫杀的君主矣。"

分封仪式结束后，因为朝廷政务繁忙，周公旦奉命留在中央，协助周武王治理天下，不能去鲁地了。于是，周公旦的大儿子伯禽就到鲁地去，成为鲁国的第一个国君。

伯禽出发去鲁地的时候，周公旦对伯禽面授他关于社会治理的思想和方略。据《论语·微子》第 10 章中记载，周公旦告诫伯禽："君子不施其亲，不使大臣怨乎不以。故旧无大故，则不弃也。无求备于一人！"大意是说："君子不疏远他的亲人，不使大臣埋怨不获任用。故旧没有大的原因，就不能抛弃。不要对人求全责备。"说到底，就是要以亲情为重，以人情为重。

三年之后，姜太公到朝廷汇报，说齐国已经整顿完毕，国计民生等都已经上了轨道。周公旦问："你怎么干得这么快啊？"

姜太公说："这有什么难的。我的主要思想有两点。第一，尊贤，重用贤者，奖赏贤者，让社会尊敬贤者。同样等级的贤者，关系疏远的优先，关系亲近的靠后。第二，先义后仁，也就是道义和规则第一位，仁爱之心第二位。"古书上说，这是霸者之道。

周公旦说："你这样来治国，你的功德，可以庇荫你五代子孙。"

在离开朝廷前往鲁地五年后，伯禽回到朝廷，汇报他治理鲁国的情况，说鲁地已经整顿好了，各方面已经上了正常的轨道。

周公旦问："鲁地难道这么难治吗？你花了五年才搞定。"

伯禽回答："我奉行的，正是父亲大人教导我的，一切以亲情优先，以爱心优先，其他都靠后。"古书上说，这是王者之道。

周公旦道："你的功德，可以庇荫你十代子孙了。"

后来，齐国逐渐强大，以至于称霸。可是，弑君之事，屡屡发生。从姜太公开始，传了二十四世，就被田常也就是陈恒家族取代了。鲁国呢，起起伏伏，但一直难以称为强大，和齐国相比，距离是显著的。可是，从伯禽开始，传了三十四世，才灭亡。

那么，齐国和鲁国，前者是"先贤而后亲""先义而后仁"，后者是"先亲而后贤""先仁而后义"，这两种文化精神，以及这两种文化精神指导下的社会治理，优劣利弊如何呢？站在国君及其家族和达官贵人的立场看，和站在百姓的立场看，从某一段时期看，从历史发展看，会不会有不同呢？这些都是重大的问题，限于体例，这里就不展开了。

君子"可欺也，不可罔也"

《论语·雍也》第 26 章中记载，某日，宰我问孔子："一个仁者，有人告诉他'井里有人'，他会跳下去吗？"孔子回答："何为其然也？君子可逝也，不可陷也；可欺也，不可罔也。"孔子说的大意是："为什么会这样呢？君子可能会被人骗到现场，但不可能被人骗到贸然跳下井；君子可能会被合情合理的话欺骗，但不可以用不合情理的话来使他上当。"

仁者肯定是智者，智者是不会轻易上当的！君子可以诳之以理之所有，却不能昧之于理之所无。若井中有人，会被淹死，仁者知之，自会不顾危险而救之，然以仁者之智，自己决不会贸然入井，作无谓牺牲而不能达到救人目的，因此，别人不能以此为诱而陷之于井。井中即使真有人将要淹死，尚且不足引诱仁者陷之于井，何况井中无人而虚告者呢？

君子会不会上当？也会的。有人给子产送了一条活鱼，子产让手下的勤务员放到后园池塘里养起来。那勤务员偷偷地把鱼煮熟吃了，却向子产汇报："首长，我已经遵照您的话，把那鱼放到池塘里去了。刚放下去的时候，它不那么灵活，但转了几圈，就一下钻到深水中去了。"子产听了，高兴地说："去它应该去的地方了！去它应该去的地方了！"那勤务员乐啦！对人说："谁说子产聪明，那鱼被我吃了，他却说'去它应该去的地方了'！"

子产聪明，子产是君子，但他也上当了。原因是什么？那勤务员编造的话，合情合理，所以他相信了。这就是君子"可以诳之以理之所有"。如果那勤务员编造得不像，子产是难以相信的，这就叫君子"不能罔之于理之所无"。

总之，仁者一定是智者，而智者是不会轻易上当的！

子不语"怪，力，乱，神"

根据古人的说法，祭祀的意义，大致有三：酬报、祈求和申敬。如果说神是不存在的，那么，酬报和祈求，也就没有必要了。申敬有没有必要呢？当然是有的。表达对所祭祀神灵或者祖先的敬仰，可以受到相关精神的熏陶，进而传承这些有积极意义的精神，更好地实现人生的价值，不是很有意义的吗？例如，我们参加祭祀黄帝的活动，就会强化我们的民族自豪感，强化我们的爱国感情。如果我们没有参加这样的活动，是不会得到这样的熏陶的。

儒家是非常注重按照礼法祭祀神灵、祭祀祖先的。《论语·八佾》第 12 章中记载，"祭如在，祭神如神在。子曰：'吾不与祭，如不祭。'"大意是说：祭祀已故家人和祖先，对待他们，如同他们还活着的时候那样；祭祀神灵，对待他们，如同他们真的在现场享受祭祀一样。我若因为有要事或者健康问题不能参加祭祀，既无法在祭祀现场向被祭祀的对象表达虔诚恭敬之心，也无法受到那种庄严肃穆的气氛的熏陶，就和没有举行这场祭祀一样。

《论语·述而》第 21 章中记载，孔子不谈"怪，力，乱，神"。怪异现象，超常的勇力，违反常理之事，鬼神灵异，这些孔子都是不谈的。

　　那么，孔子到底是否相信有鬼神存在？有人认为，孔子是不相信的。依据何在？你看，"祭神如神在"，一个"如"字，就透露了真相。"如神在"，说明神实际上是不在的。

　　有时候，孔子遇到此类问题，是回避的。《论语·先进》第12章中记载，季路向孔子请教如何对待鬼神，孔子说："没能得体地对待人，怎能得体地对待鬼？"季路又说："冒昧地请教有关死的事。"孔子说："没有通达有关生活的事，怎能理解有关死亡的事？"

　　有一次，子贡问孔子："死了的人，是有知的呢，还是无知的？"

　　孔子说："我如果说人死之后是有知的，恐怕孝子顺孙们为了给死者办丧事，耗费大量的资源，影响到活着的人的生活。我如果说人死了以后是无知的，恐怕那些不孝之子弃其父母长辈而不葬，或者马马虎虎办丧事。因此，这个问题，还是不回答为好。你要想知道，人死后有知还是无知，不忙不忙，到死后，自然知道。"

知道了如何事人，便知如何事鬼。事人以诚，事鬼亦以诚而已。此其一。其二，事人包括事鬼，事鬼实际上就是事人。例如，在国君手下做官，奉命筹备祭祀大典，此筹备祭祀之事，当然是事鬼，但不也是事人吗？这是奉命做的啊！事君啊！要对君负责。知生之理，遂知死之理。死之理，属生之理。生之理，包括死之理。别的不说，各宗教关于死的那么多阐述，不都是为了使生命更有意义、更有价值吗？

表现不好的人求见，见还是不见？

《论语·述而》第29章中记载，互乡那个地方的民风有问题，那里的人很难相处，人们往往对他们敬而远之。

一天，互乡的一个孩子来到孔子那里，要求见孔子。孔子见了他。

《论语·卫灵公》第8章中，孔子说："可与言而不与之言，失人；不可与言而与之言，失言。"也许因为学生们听孔子说过这话或者类似的话，所以，不理解孔子为什么要见这个童子，觉得他有"失言"之患。

孔子就解开学生们的疑惑，说："赞许他进步，不赞许他退步，有什么过头的呢！人家修正自己以求进步，赞许他修正自己，不管他以前怎么样。"

孔子曾赞伯夷、叔齐"不念旧恶"，他自己也是如此，见互乡之童子，即是一例。

还有一件事情，也体现了孔子这样的思想。孔子的母亲去世了，来吊唁的宾客络绎不绝。

掌握鲁国最大的实力派大夫季孙氏家族实权的阳货，也来吊唁。阳货和季孙氏有较深的矛盾。孔子尽管也和季孙氏有矛盾，但和阳货政见不同，不认可阳货的所作所为，拒绝和阳货合作，显然不会向阳货妥协。

阳货把孔子拉到一边，私下对孔子说："今天季孙氏家正设宴招待鲁国境内有名望的人物。你知道吗？"

孔子如实回答："我不知道。如果我接到了邀请，尽管带着重孝，我也会去的。"

阳货道："你说得不错。季孙氏这样大规模宴请鲁国有名望的人，竟然没有发给你请柬，也太不应该了。"

阳货离开后，孔子的学生曾参私下问孔子："老师，阳货这样的人，你和他多讲什么呢？"

孔子回答："尽管我穿着重孝，但是，还是应该和他说一些话，以示认可他的吊唁。"

尽管孔子不论在政见方面还是在为人方面，都不认可阳货，但是，对阳货按照礼来吊唁，他还是认可的。

孔子认为自己很幸运

当时有个诸侯国，叫陈国。陈国的官名，和别的诸侯国不大一样。例如，别的诸侯国掌管整个诸侯国刑法的大臣叫"司寇"，陈国呢，叫"司败"。

《论语·述而》第 31 章中记载，某日，陈国的司败问孔子："鲁昭公知礼吗？"

孔子说："知礼。"

孔子离开后，陈司败向巫马期作揖，请他过来，说："我听说君子不相互偏袒，君子也相互偏袒吧？昭公娶吴国公室的女子，与昭公是同姓，叫作吴孟子。如果昭公知礼，谁不知礼呢？"

巫马期把这些话告诉孔子，孔子说："我很幸运，如果有过失，人家必定知道。"

礼，娶妻妾不娶同姓，买妾不知其姓，不知道是否可以成婚，就用占卜的方法来解决。这可能是因为同姓相婚易乱宗法，且不利于优生的缘故。《左传》僖公二十三年有"男女同姓，其生不蕃"之说。古人行此礼甚严。民国年间，甚至当代，仍有不少人恪守此礼。昭公夫人吴孟子，乃吴国公室之女。吴国公室与鲁国公室同为姬姓，故鲁昭公娶吴孟子为夫人，乃严重违礼之事。

鲁昭公习于威仪之节,当时有知礼之名。陈司败问孔子昭公是否知礼,孔子以"知礼"答之。有人说孔子仓卒应对,以昭公有知礼之名,未及细想昭公有无违礼之事,所以这样回答,有人说孔子以礼为君讳,所以这样回答。孔子如此答之,正入陈司败彀中。陈司败举出铁证,证明昭公不知礼,并认为孔子说昭公知礼,是阿附昭公。《论语·卫灵公》中有"君子矜而不争,群而不党"之语,此为孔子平生所持之论,陈司败可能知道,故以"吾闻君子不党,君子亦党乎"讥讽孔子。

孔子知道之后,其反应超越此事本身,而以"苟有过,人必知之"为幸,足见其胸襟之磊落。《论语·子张》第 2 章说:"君子之过也,如日月之食焉。过也,人皆见之;更也,人皆仰之。"别人知道我的过失,不对我说,一定会对其他人说。对我说,我固然会知道;对别人说,我也能知道。知道过失就便于改正,不知道则难以改正。所以我的过失为人所知,对我也是好事。

曾子病重

　　公元前 435 年，曾参七十一岁。《论语·泰伯》第 4 章中记载，这年，曾子病得很重的时候，鲁国大夫仲孙捷来看望他。曾子说道："鸟将死时，它的鸣声哀切；人将死时，他的话善良。君子认为礼可贵在三个方面：使人调整面容，就远离粗暴放肆了；使人端正神情，就趋于真诚了；使人发为言谈，就远离鄙陋悖谬了。按照礼举行祭祀等，则是有关职司者的事。"

　　大约过了几天，曾子的病更加重了。他的大儿子曾元抱着曾子的头，二儿子曾华抱着曾子的脚，他们实在舍不得他们的父亲。曾子知道，他就要离开人世了，于是，就对两个儿子说："我没有颜回那样的才能，能告诉你们哪些有用的话呢？尽管我无能，但是，君子致力于向好的方面努力，因此，我还是要对你们说几句。开花多，结果少，这是自然中的常见现象。说得多，做得少，这是人为的常见现象。飞鸟觉得山还不够高，因此在山顶筑巢；鱼鳖觉得水还不深，因此就在水底做洞穴。可是，飞鸟和鱼鳖，还是不安全，还会被捕捉，这是它们贪图诱饵的缘故。君子如果能够做到不因为利益而危害自身，那么，屈辱危险会从哪里来呢？在做官取得成就的时候容易倦怠，在疾病好转的时候容易加重，祸患生于懈怠，孝行衰于妻子。明白了这样的道理，就可以不忘初心，始终如一。可是，世界上的事情，有始无终的多啊！"

大约又过了一两天，曾子处于病危状态。他自己知道，已经活不到第二天了。《论语·泰伯》第3章中记载，他命人将弟子们叫来，说："露出我的足，露出我的手！《诗》说'战战兢兢，如临深渊，如履薄冰'，而今以后，我知道可以免于这样了！小子！"

《孝经》中，孔子说："身体发肤，受之父母，不敢毁伤，孝之始也。"《礼记·祭义》："父母全而生之，子全而归之，可谓孝矣。不亏其体，不辱其身，可谓全矣。"此乃曾子闻之于孔子之语。曾子以孝著名，恪守孝道，到"战战兢兢，如临深渊，如履薄冰"的程度，唯恐有所损于身体，有妨孝道。到临终之时，曾子向弟子们展示，他的身体未有毁伤之处，确实是"全而归之"，孝道终保。他又向弟子们传授保全孝道之法："战战兢兢，如临深渊，如履薄冰。"如此立身行事终身，实是不易，故有"而今而后，吾知免夫"之叹。既为自己的成就而欣慰，又为自己的解脱而轻松——因为他马上就要去世了。"小子"一语，告弟子们然后又呼之，殷殷警勉之意，千载而下，人读之而能深感之。朱熹《论语集注》引范氏语云："身体犹不可亏也，况亏其行以辱其亲乎！"可谓能推而广之，得孝道之实矣。

我们刚出生时，身体和德行皆毫发无损，毫发无玷，这是父母送给我们的。为人一世，我们如果能够把父母送给我们的毫无瑕疵的身体和德行，保护完好，回归大自然，没有糟蹋父母送给我们的这份厚礼，这当然是孝的体现。

对弟子们说了这些话，曾参累了，想休息一会儿。这时，他突然想起身下铺着一张贵重的席子，这是鲁大夫季孙氏送给他的。他

精通各种礼，知道这样贵重的东西，不是他这样的身份的人去世的时候应该享用的，因为他不是大夫。他不能睡在这样的席子上去世，否则就是违礼了。于是，他马上命儿子把这张席子换下来。他的儿子和弟子们七手八脚换席子，刚把那张席子拿掉，换上去的席子还没有铺好，他就去世了。由此，汉语中多了一个词语，叫"易簀（zé）"，这是"死亡"的委婉说法。"簀"就是床上铺的席子的意思。

曾子传道诲人，临终犹殷殷如此。曾子值得后人学习的地方，不仅仅是他的孝道。

山梁雌雉，时哉时哉！

《论语·乡党》第 27 章中记载，某日，孔子一行行走于山中。一只野鸡看到有人过来了，就飞起来，飞到与孔子他们之间有足够安全的距离后，就落在山梁上。

孔子称这野鸡"时哉时哉"，赞扬它进退举止，皆合于时宜。子路于是戏对野鸡作拱，野鸡看见子路对它这样的举动，当然不可能理解子路的善意，以为子路要对它不利，惊叫数声而飞起。

这一章的情节是虚构的，类似于小说。为什么？因为野鸡虽然会在低空飞行，但飞不远，更不会"翔"，它没有盘旋空中的本事，甚至没有灵活自如地拐弯的本事。见过野鸡飞的人，应该知道野鸡是如何飞的。

那么，《论语》的编撰者为什么要编这样的情节呢？他想用这样的情节，说明什么样的道理呢？此章主要讲君子一切举动，当合时之所宜，以此结束《乡党》。《乡党》所记载的都是孔子实践礼的言行，以此传播日常生活中的礼。礼有高度的概括性和很强的适用性。就一般情况而言，在与之相适应的时代，礼总是与时之所宜相合的。君子言行，当合于礼、合于时之所宜。

孝哉闵子骞！

孔子弟子闵损，字子骞，以孝著称。他的孝，有点特别，是对继母的孝。

闵子骞兄弟两人，很不幸，他们的母亲去世了。父亲给他们娶了个后妈。这后妈嫁到闵家后，又生了两个儿子。

某个寒冷的冬日，闵子骞为他的父亲驾驶马车，马缰绳多次从他的手里脱落。冷啊！他的手冻僵了，不灵便，抓不住缰绳了。

他的父亲看在眼里，抓住他的手，发现很冷，又抓他身上的衣服，很单薄。

回到家里，父亲把续娶的夫人生的儿子叫来，抓住他们的手，发现很暖和，又抓他们的衣服，发现很厚实：他们没有挨冻。

父亲马上把续娶的夫人叫来，对她说了闵子骞挨冻的事实，然后说："我之所以娶你，是为了我的儿子，我早就向你说明白的。我的儿子冻成这样，看来你是你欺瞒了我。我要把你休掉，你这就离开我家吧，不要在我家了。"

闵子骞听了，急忙上前劝阻，说："母在，一子单；母去，四子寒！"

他的父亲听了，沉默不语。当时，商品经济很不发达，一家大小的四季衣服，都要靠家中的女子一针一线做出来。闵子骞的亲生母亲去世后，他的父亲无法解决一家人的穿衣问题，就为闵子骞兄弟娶了后妈。如果这个第二任妻子离开，那么，一家大小，连同后妈生的两个儿子，所有的衣服，从哪里来呢？

就这样，闵子骞的后妈留了下来。后妈对闵子骞也很感激，此后，她再也不虐待闵子骞了。古书上说："孝哉闵子骞，一言其母还，再言三子温！"

《论语·先进》第5章中记载，孔子赞扬闵子骞："孝哉闵子骞！人不间于其父母昆弟之言。"意思是说："闵子骞真孝顺啊！他父母兄弟说他好的话，人们一点也不会怀疑。"

后世的传说中，闵子骞的后妈给闵子骞做的棉衣，是用芦花代替棉花，看上去厚厚的，其实保温性能很差。后世戏曲、小说和民间故事多演绎其事，还加入这样那样的情节，例如后母用芦花当棉花给闵子骞做棉衣，看起来厚实而实际上难以御寒，而给她自己的儿子做棉衣，则是用真正的棉花，从不偷工减料。某个隆冬的一天，闵子骞的父亲和其他三个儿子外出，闵子骞驾车，因为寒冷，手冻僵了，驾车的缰绳屡次脱落。闵子骞的父亲看到闵子骞如此，以为他不用心，一鞭子狠狠地打在他的身上，把他的棉衣打破了，露出来的不是棉花，而是芦花。闵子骞的父亲再检查其他三个儿子身上穿的棉衣，发现是真正的棉衣，他们的手也是暖和的。回到家里，他就教训妻子，欲休掉妻子云云。《中国民间故事全书·徐州市区卷》的《闵贤祠与车牛返》中就是如此。徐州一带流传的小戏《鞭打芦花》也演了这个故事。闵损所在的村庄，因为有闵贤祠而名闵贤祠，他父亲发现他穿芦花衣后就返回的那个村庄，就叫车牛返。"芦花当棉花"的情节，还被移植到其他的民间故事中。例如，《中国民间故事集成·江苏卷》第 238 页《刘猛将的传说》中，就有这样的情节。元代郭居敬编的《二十四孝》和明朝编撰的《二十四孝图》都收录了闵子骞对他继母行孝的故事。

　　子女和继父或继母之间的关系，是一种拟血缘亲族成员的关系，法律上是予以承认的。因此，一般来说，子女也应该承担对继父或继母的责任。孝，不仅是一种责任，也是一种感情。子女对继父或继母之间，是否有这样的感情，这就不能一概而论，要看具体的情况。简单地肯定或者否定，都是不符合实际情况的。

颜回去世之后

颜回二十九岁，头发就都白了，又英年早逝。《论语·先进》第 9 章中记载，颜回去世后，孔子非常伤心，哭得极为悲痛。孔子的随从说："您极为悲痛了！"孔子说："是极为悲痛吗？不为此人极为悲痛，还为谁极为悲痛呢！"

《论语·先进》第 9 章中记载，孔子还大叫"噫！天丧予！天丧予"！意思是说"老天要灭我啊，老天要灭我啊"！若孔子的儿子孔鲤死，孔子呼"天丧予"，并不为奇，但死者是颜回，孔子为何说"天丧予"呢？除颜回外，孔门其余弟子，即使是贤者，也仅能得孔子之道的一方面。颜回于孔子所教"无所不说"，为孔门中之最贤者，能全面继承并弘扬孔子之道，因此孔子对他寄予了传道厚望。颜回早亡，孔子之厚望都化为乌有，所以有"天丧予"之叹。

《论语·先进》第 8 章中记载，颜渊的父亲颜路，请求孔子卖了车为颜回置备外棺。孔子说："有出息没出息，我们也都是各自说自己的儿子。我的儿子孔鲤死了，下葬时有棺材而没有外棺。我没有卖掉车来给他置备外棺，因为我身在大夫之列，不能没有车而徒步出行。"大夫之车，事关政体国体之礼，非仅关个人排场威仪也，故不可轻易舍之。

《论语·先进》第 11 章中记载，孔子的学生们要厚葬颜渊，孔子说不可这样做。学生们还是厚葬了颜渊。孔子说："颜回对待我像对待父亲一样，我不能像对待儿子一样对待他，不是我不愿意像对待儿子一样对待他，是我的那几位学生不让我这样做啊。"

颜回未任官职，且家贫，不当厚葬。因此孔子虽极爱颜回，还是反对厚葬他。如果孔子能视颜回如自己的儿子，就不会让人厚葬他，肯定会像葬孔鲤一般，葬得其宜。而现在学生们厚葬颜回，就是使孔子不得视颜回如儿子，使葬非所宜。不是孔子不愿视颜回如儿子，而是学生们使孔子不得视颜回如儿子，所以孔子责备那些学生。

子路之死

《论语·先进》第 13 章中记载，孔子说："若由也，不得其死然。"意思是说："像子路这样的人，不得以寿终老。"后来，子路果然在战斗中被杀。子路之死，还要从卫国政治和孔子带着学生周游列国中和卫国的因缘说起。

孔子带着弟子们周游列国，在卫国的时间比较长，和卫灵公及卫国的不少贵族或官员多所交往。孔子的一些弟子就在卫国做官了。例如，高柴在卫国当士师（相当于法官），子路则就在孔悝大夫家里做官，担任孔家封地蒲邑的行政长官，把这一个区域治理得很好。

之前卫灵公所宠爱的夫人南子，和太子蒯聩之间矛盾激烈。蒯聩谋划刺杀南子，被南子觉察，事情败露。卫灵公大怒，蒯聩怕了，先后逃亡宋国、晋国，依靠晋国的实力派大夫赵简子。卫灵公去世，蒯聩的儿子姬辄即位，为卫国国君，史书上称之为"卫出公"。蒯聩在赵简子等人的支持下，想回国从儿子辄那里夺国君之位，被辄派兵阻拦，没有成功。

此后，辄在卫国当国君，当得还不如卫灵公，但还能够勉强撑下去。蒯聩呢，仍然不死心，在晋国和卫国的边境地区戚地，窥测卫国政局，等待机会。一等等了十二年，机会终于来了。

蒯聩的大姐叫伯姬，伯姬嫁给了大夫孔圉。这个孔圉，为人为官都有可议处，但去世之后，得到了"文"这个谥号。有人不理解，问孔子，说孔圉凭什么得到这样的谥号，孔子说，"敏而好学，不耻下问，是以谓之文也"。可见此人生性聪明而好学，请教问题，不计较对方身份和地位，解决问题就行。

伯姬和孔圉的儿子，叫孔悝。孔圉去世后，孔悝成了大夫，也是孔家的主人。孔圉生前，有一个漂亮的男仆，叫浑良夫。孔圉去世后，伯姬竟然和浑良夫私通。后来，他们不满足于私通，想当正式的夫妇。这也是人之常情。

可是，这放在当时显然是很困难的。如果浑良夫是个贵族，例如大夫之类，至少有个官职，当然没有问题，但浑良夫是个仆人，社会地位很低，一个贵族女子，大名鼎鼎的卫灵公的大公主，学识丰富的大夫孔圉的未亡人，如何可以嫁给一个仆人？

如何解决这个问题？办法是有的。例如，使浑良夫成为贵族或者官员。谁能够让浑良夫成为贵族或官员？当然是国君。国君凭什么让浑良夫成为贵族或官员？好办。让浑良夫给国君立一个大功，有了大功，当然要奖赏吧，国君如何奖赏？当然是给一个官职，或者一块封地，或者一个贵族头衔。如果这样，问题不就解决了？

当然，这个功劳，必须足够地大才行。立什么样的功劳呢？如何实施呢？伯姬不愧曾经是孔圉的妻子，很聪明，她和浑良夫一起，制定了一个计划。

浑良夫秘密来到戚地，找到蒯聩，代表伯姬，表示可以帮助蒯聩回到卫国，得到国君之位。这当然是蒯聩梦寐以求的。考虑到孔围家族在卫国树大根深，伯姬在贵族和官员中的影响力，蒯聩觉得这可以一试。

于是，他们达成了协议：伯姬一方协助蒯聩当上卫国国君；蒯聩当上国君后，让浑良夫当大夫；免除浑良夫三次死罪；准许伯姬和浑良夫正式结婚。他们歃血为盟。为了达到各自的目的，他们制定了具体的实施计划。

接着，他们按照计划实施。浑良夫和蒯聩秘密回到卫国，住在孔家菜园子旁边的房子里。天黑后，他们蒙着头面，乘坐着宦者罗驾驶的马车，进入孔家。

他们进大门的时候，孔家的家老（也就是顾问）栾宁看见了，问驾车人，车上是什么人，宦者罗含糊地回答说是姻妾。

浑良夫和蒯聩进门后，就去会见伯姬。伯姬拿出许多美食，让他们好好地吃了一顿，以便有力量行动。

吃完饭，伯姬拿着一把戈领头，蒯聩和五个随从，都披着甲，拿着武器，还抬了一头猪，跟着伯姬。他们到处找孔悝，一开始找来找去找不到，后来伯姬在厕所里找到了，就把孔悝拖出厕所，胁迫孔悝和他们结盟，发动军事政变，杀死现任国君辄，改立蒯聩为国君。

歃血结盟，要用牛血，因为事情紧急，更重要的是秘密行动，找牛不方便，所以他们只好准备了一头猪。蒯聩的随从抬的那头猪，就是派这个用处的。孔悝没有办法，只好同意，和他们一起，喝了猪血结盟。

结盟完毕，他们登上孔家的高台，在那里设立政变指挥部，发号施令，发动政变。

　　这时，孔家的顾问栾宁正准备喝酒，用于下酒的肉，正烤着，还没有熟透。听到政变的消息后，栾宁急忙派人去找子路，让子路赶快来救孔悝。栾宁自己，把酒和烤肉带上车，然后驾驶着直奔宫殿，请国君辄上车，然后他们在车上喝酒吃肉，逃往鲁国。栾宁和辄都很清楚，孔悝实力强大，国君难以在短时间内组织力量和他抗衡。

　　在城外的子路，得到栾宁要他赶快去救孔悝的消息后，马上出发，来到城门口，想进城。这时，孔子门下的另一位弟子子羔（高柴）正好在城门内，想出城。子羔隔着城门对子路说："城门已经奉命关闭了。"子路说："我已经来了，就要进去。"子羔说："你没有卷入这场是非，不要搅在里面了。"子路说："我靠孔家吃饭，他家有难，我当然不能袖手旁观。"

　　这时，正好有使者奉命出城，城门一开，子羔就出城避难，子路就进了城，去救他的主人孔悝。

　　子路入得城来，就直奔孔家。

　　到孔家门口，子路刚要进门，守卫大门的公孙敢，见子路要进来，赶快把大门关上，说："你老兄进来干什么？不要进来，赶快离开！"

　　子路说："是公孙吗？求利而逃其难，不是君子所为，我不是这样的人。君子利其禄，必救其患。我在孔大夫手下任职，拿他给我的俸禄，现在他有难，我怎么能不管呢？"正好有传令的人出门，门一开，子路就冲进去了。

　　子路要救的，是孔悝，至于蒯聩他们的大事，他根本不在意。他来到政变指挥部所在高台的下面，对蒯聩说："太子您怎么用得着孔悝呢？您即使把他杀了，还会有新的继承者的，您把他放了吧。"

参与政变的武装人员，听孔悝的指挥，如果孔悝获得自由，下令停止政变，蒯聩他们就没有希望了。因此，蒯聩是无论如何不放孔悝的。

子路见蒯聩不放孔悝，就威胁道："太子您手脚功夫想来未必了得，我一把火把这高台点着，您不放孔悝，也得放。您还是放了他吧。"

蒯聩一听，怕了，子路的大名，他也听说过，这家伙孔武有力，武艺高强，更是率性妄为，放火这样的事情，他真的会干。这个高台一旦着火，他们是否能够有效掌握住孔悝，还真不好说。于是，他就一边和子路敷衍，一边命令手下武士下石乞、盂黡（yǎn）率领

几个人下高台袭击子路。

子路尽管骁勇，但这时的他，已经是六十三岁的老人了，又遭到袭击，帽子系在下巴下的带子被对方的戈割断，他大叫："君子死，冠不免！"一边叫，一边忙着系这带子。对方各种武器齐下，子路被砍成肉酱。后来，子路被葬于澶渊（故地在今天河南濮阳）。

蒯聩他们的政变成功了。蒯聩如愿当上了国君，这就是庄公。因为此前卫国已经有过一个庄公，因此，蒯聩也被称为卫后庄公。当了国君之后，蒯聩杀了老冤家南子，又杀了在他登位过程中起了关键作用、立下大功的浑良夫。

蒯聩在卫国之外十多年，在卫国的影响力显然不如孔悝家族，再说，没有伯姬和孔悝帮助，他也无法当上卫国国君，因此，刚开始，他对孔悝似乎还不错。但第二年，他就把孔悝驱逐了，孔悝只好逃到宋国。

不久，因为蒯聩的无道和荒唐，卫国又发生动乱，蒯聩和两个儿子都被杀死了。蒯聩当国君的时间还不到三年。

蒯聩死后，卫国又乱了一段时期。卫人杀了在蒯聩当上国君的过程中起了关键作用的伯姬，迎接辄回到卫国当了国君。

孔子听到蒯聩、伯姬他们在卫国发动政变的消息，牵挂着在那里当官的两个学生，说："高柴能够活着回来，仲由一定会死在那里了！"

不久，卫国的信使来，带来了子路战死的消息。孔子非常悲痛，在中庭大哭。有人来安慰，孔子就答拜，就像孔子自己家里有丧事一样。哭罢，孔子把信使叫来，了解子路被杀的前因后果等详细情况。当他听到子路被人砍成肉酱，他就叫人赶快把饭桌上的肉酱全都倒掉了，说："我怎么忍心吃这个啊！"

子路身处乱世，好勇、好胜而急于为义，勇于牺牲，但不很注意爱惜生命，孔子曾经批评他是"徒手搏虎、徒步涉河，即使死了也不会后悔的人"。这样的人，在那个乱世，很难保全自己，所以，孔子预言子路很可能"不得其死"，也就是不得善终。

在政治理念、治国方略乃至方针、政策等方面，蒯聩和辄没有显示出本质的不同。蒯聩和伯姬等发动政变，完全是为了各自的私利而已，和其他人的利益全无关系，却导致了包括子路在内的许多人的悲剧，导致了卫国的悲剧。即使对蒯聩和伯姬、浑良夫等人而言，这又何尝不是悲剧呢？

高柴"愚"吗？

孔子有时候会用一个字来评价学生。例如，《论语·雍也》第 8 章中记载，孔子评论仲由也就是子路"由也果"，"果"就是果敢，果断的意思；端木赐也就是子贡"赐也达"，"达"就是通达事理的意思；冉求也就是冉有"求也艺"，"艺"就是多才多艺的意思。《论语·先进》第 18 章中记载，孔子评论高柴也就是子羔"柴也愚"，"愚"当然是笨的意思；曾参"参也鲁"，"鲁"是鲁钝的意思；颛孙师也就是子张"师也辟"，"辟"就是偏而不实的意思，仲由"由也喭（yàn）"，"喭"就是粗野的意思。

在孔子的学生中，高柴没有子路、子贡和曾参他们有名，但他也是孔门七十二贤者之一。那么，孔子为什么用"愚"来评论他，他是否真的很愚笨呢？

高柴个子不高，用现在的长度单位来说，也就是 150 厘米多一点。他为人非常拘谨，严格遵守各种礼法的规定以及老师的教导。自从当了孔子的学生以后，他出入门户从来没有踏过门槛。人家的影子，他也从来不踩。每年过了惊蛰以后，他就不杀动物，正在成长的植物例如树木之类，他从不去折不去截。为父母亲守孝期间，他从来没有露出过笑容。他的这些表现，都很符合孔门的风格，因此，得到了孔子的表扬。

《论语·先进》第 25 章中记载，子路为季孙氏之臣，推荐同门高柴去当季孙氏封地费地的一把手。孔子认为，子羔之质虽美，但去当费地的一把手，他的才能尚有不足。如果真的让他去当，会害了那里的子民。可见，孔子对高柴的为政能力和应变能力、灵活性和务实精神等，是采取保留态度的。孔子说他"愚"，应该就是从这些方面来说的。

后来，高柴在卫国担任士师，相当于法官。有一次，某甲犯法，由高柴处理，他秉公执法，依法判处某甲砍掉一只脚。

卫国孔悝之乱爆发，作为卫国的高级官员，高柴是参加政变的武装人员追捕的对象，他准备逃出城去躲避。他逃到城门口，发现城门已经关闭。令他更加沮丧的是，负责掌管城门的，正是某甲。

某甲见到高柴，知道他想出城逃命，竟然给他出主意："这里向左两百步左右，城墙上有个缺口，旁边有一棵树，你爬上树，很容易翻墙过去。"

高柴听了，摇摇头，说："翻墙这样的事情，君子是不干的。"说完，他还是站在那里，等城门开。

某甲又对他说："这里向右大约两百步，城墙上爬了许多丝瓜藤的地方，有个洞，被丝瓜藤遮掩着，你可以从那个洞钻出去。"高柴又摇摇头，说："钻墙洞这样的事情，君子也是不干的。"说完，他还是面无表情地站在那里，等城门开。

某甲无奈，对高柴说："追杀你的人肯定会到这里来的。你就到我宿舍躲一躲吧。这总可以的吧？"

高柴道："非常感谢！这当然可以。"于是，高柴就跟着某甲，到他的宿舍躲避。

不一会儿，追杀高柴的人来到这里，到处找高柴。为首的一个人对某甲进行盘问和威胁。他的几个部下说："某甲的脚，就是高柴下令砍掉的，某甲不会藏匿高柴的。"那个为首的人信了，就带着他的人到别的地方去寻找了。

他们离开后，高柴从某甲的宿舍出来。他问某甲："我当年审理你的案件，判处你砍掉一只脚。今天，是你向我复仇的好机会。可是，你不仅没有向我复仇，还帮助我，使我避免被逮捕或杀害。这是为什么呢？"

某甲道："您是朝廷官员，秉公执法，判处我砍掉一只脚，这是我罪有应得，我没有什么抱怨的，更加不能记你的仇。我清楚地记得，宣判的时候，您脸上明显地显出为我难过的神色。您有天生的仁人之心。这就是我冒险帮助您的原因。"

这时，子路在城门外面大喊大叫，说他是大夫孔悝封地蒲邑的首脑，孔悝被人劫持了，孔家的顾问派人送信，要他进城去救孔悝。

高柴听了，隔着城门，对子路说："师兄，城门关闭了，没有命令，谁也不能开。我也在等城门开，好出城去。"

这师兄弟俩，一个在城门外，进不来；一个在城门内，出不去。

过了一会儿，有使者出城，某甲按照规定开了城门。高柴就赶快出了城，逃到了安全的地方。子路也得以进城，直奔孔家，去救孔悝，但战死在那里。（参见本书《子路之死》。）

孔子听到卫国发生动乱的消息，挂念他这两个学生，说："高柴或许能够活着回来，仲由却会死在那里。"结果正是如此。

后来，孔子听了高柴脱险的经过，说："善为吏者树德，不善为吏者树怨，公行之也，其子羔之谓欤？"大意是说："善为官者积德，不善为官者积怨，关键是办事公正。高柴就是这样。"

"父亲偷羊"，儿子怎么办？

楚国贵族沈诸梁，字子高，楚平王五年（前 524 年），开始担任楚国北部的边防重镇叶县（故地在今河南省平顶山市叶县南叶邑及其周围）的县尹，也就是叶县的首脑。因他连续担任这一职务 40 多年，所以被称为叶公。在此期间，他领导百姓加强战备，兴修水利，政绩显著，社会经济得到较好的发展。

楚惠王十年（前 479 年），国君家族白公胜与石乞发动军事政变，杀令尹（楚国宰相）子西、司马子期，劫持楚惠王，楚国危急。叶公率军平叛，取得胜利。白公胜自缢，石乞被杀，楚国得以转危为安。叶公因平叛之功，被提拔为楚国令尹（宰相）兼司马（国防部长）。

孔子和弟子们在周游列国期间，曾于楚昭王二十七年（前 489 年）访问过叶县，得到了当时还担任叶县首脑的叶公的热情接待。他们还经常在一起讨论社会治理和道德教化等问题。

《论语·述而》第 19 章中记载，一天，叶公向子路问起孔子是个怎么样的人。子路一时不知道如何回答，因此没有回答，但他后来把这件事告诉了孔子。孔子说："你为什么不这样说，'他为人啊，有所不明白，憋闷在心里，思虑不已，以至于忘记了吃饭；有所得，快乐得忘记了一切忧愁。如此追求，不知道老境将到。'"

还有一天，叶公向孔子请教如何为政，孔子说："近者悦，远者来。"意思是说："使近的地方的人快乐，远的地方的人就会迁来。"这确实是古今社会治理最为关键之处。财富和技术，是跟着人走的。一个地方，人力资源丰富，技术力量强大，资金雄厚，就容易繁荣。

《论语·子路》第 18 章中所记载孔子和叶公讨论"父亲偷羊"的故事，更为有名。说是有一天，叶公对孔子说："我们这里有个以为人正直出名的人，他的父亲偷了人家的羊，作为儿子的他揭发了父亲，并且亲自作证。"孔子说："我们那里正直的人与此不同，父为子隐，子为父隐，直在其中矣。"意思是说，父亲为儿子隐瞒，儿子为父亲隐瞒，正直就体现在这些行为之中了。

父亲犯了罪，儿子应该怎么样？这涉及法律、伦理等问题，确实令人难以决定。因此，古代就由《论语》中孔子和叶公的讨论，衍生出问题相似而情节不同的故事。

《韩非子·五蠹》中的故事是：楚国有个以为人正直出名的人，他的父亲偷了人家的羊，他作为儿子，去向当局揭发，并且亲自作证。这其实就是叶公说的事情。可是，接下来的情节，就不同了。这个案件报到高层，楚国的宰相亲自下令："把那个告发父亲偷羊的人杀了！"

他的理由是，对国君和当局来说，这个告发父亲的人，是"直"，是应该的，可是，对此人的父亲来说，此人的告发行为是"曲"，是不应该的。韩非是法家理论的集大成者，法家主张维护君权是压倒一切的事情，因此，韩非以这个故事，来突出维护父子亲情而抛弃对君权的敬畏的荒谬。

儒家方面，大概也总觉"父为子隐，子为父隐"之论并不妥当。如果子为父隐，父为子隐，那么，置国家法律于何地？置道义于何地？但是，这个当儿子的，如果不为父隐，又会使父遭到刑罚，受到耻辱，这当然是儿子难以承受的。这样的事情，确乎难以两全。但是，有人竟能想出两全之法。

《吕氏春秋·仲冬纪·当务》中记载的故事是：儿子告发父亲偷羊并且作证后，父亲被当局判处死刑。当局将要执行偷羊的父亲死刑时，这个儿子要求代他父亲领受死刑。这个要求得到了当局的同意。可是，将要行刑时，这个儿子又有话要说。

在得到准许后，他说："父亲偷羊，我揭发，这不是'信'吗？父亲被判处死刑，我作为儿子，自愿代替父亲领受死刑，这不是'孝'吗？我既信且孝如此，还要因此被执行死刑，那么，楚国还有谁够不上死刑呢？"

地方官员没法回答，也没法处理这个案件，于是就向上级请示。上级也没有办法，再请示上级。案件被报到国君那里，国君说，既信且孝如此的人，当然不能杀啊！于是，此人不仅避免了被杀，还获得了很大的名气！

父亲偷羊是小事情，即使是真的，也不会被杀；儿子告发还是不告发，也不是大事，告发父亲偷羊，也不至于被判处死刑。以上两个故事，太夸张了。因此，又有人把"偷羊"换成"杀人"，再编故事，来表达对此类事情的看法。

这是《韩诗外传》记载的一个故事：楚昭王有士，叫石奢，他为人公而好直，国君任命他当法官。一天，有人在路上杀人。石奢带人追捕凶手，将凶手逮捕。可是，这凶手不是别人，正是石奢的父亲。

石奢把父亲放了，回到朝廷，说："那个杀人的凶手，是我的父亲。按照我的行政职责，我应该把父亲逮捕，并且判他死刑。把捕杀父亲作为我的政务和政绩，这显然是不孝。可是，如果不捕杀杀人凶手，这显然是不忠。放过杀人凶手，抛弃法律，这是死罪。因此，我请求领受死刑。"

说完，他就伏在杀人用的砧板上，说任凭国君处理。

国君看他这样，想放他一马，给他找好台阶，说："你没有追上那凶手，有什么罪呢？不是每个凶手都能够逮到的啊！你已经追了啊。"

石奢说："不是这样的。在这件事情上，我没有向父亲显示我作为儿子的感情，没有包庇父亲，这是不孝；没有秉公执法，这是不忠；犯了死罪而不死，这是不廉。大王您赦免我，这是您对我的恩惠；我不能不遵守法律，这是我的操守。"说完，他就自杀了。他这样的做法，得到了儒家的赞赏。

有人认为，孔子说的"子为父隐，父为子隐，直在其中矣"，是提倡父子之间，在家里相互帮助改正错误和缺点，并不是提倡家人父子之间相互包庇。

孔子一行在宋国

孔子带着学生等随从从曹国进入宋国。孔子的祖先孔父嘉，也就是公孙嘉，出于宋国国君的家族，且当过宋国的司马。孔子到宋国，的的确确是回到了故乡。

宋国的国君宋景公知道孔子进入宋国，非常高兴！孔子和他，是同一个家族，在讲究宗法关系的当时，这非常重要。更加重要的是，孔子在鲁国当过高官，负有盛名，所带着的几十个学生，个个都是优秀人才。

当时，宋国经常受到邻居曹国等国的欺负，晋国楚国等大国争霸，宋国也遭殃。宋景公受尽了屈辱。如果孔子一行能够长期定居宋国，为宋国服务，这对宋国的发展，会起到难以估量的作用。因此，宋景公决定，亲自到城门迎接孔子一行。

这时候，有个人对此反应非常激烈，这就是桓魋（tuí）。桓魋家族，是宋桓公的后代，因此，也是属于宋国公室。桓魋兄弟五人，都是了不起的人才。老大向巢，官居左师，掌握着军队。老二就是桓魋，当着司马，也有兵权。老三子牛，在宋国有封地。老四子颀和老五子车，在桓魋手下当差。桓魋觉得，宋景公如果让孔子一行在宋国定居，参与宋国政治，乃至在宋国任职，他们家族在宋国的权势，就会受到严重影响，甚至会受到威胁。

于是，桓魋对宋景公说："鲁国是孔丘的父母之邦，他在那里官至大司寇，还兼代理宰相，但是，他还是不满足，辞职离开了。可见此人野心有多大了。孔丘在卫国那么长时间，卫国国君是非常善于识别人才、任用人才的，仲叔圉给他管着外交，祝鮀给他管着祭祀，王孙贾给他管着军事，他当甩手掌柜，卫国社会还不错，这大家都知道。可是，他尽管尊敬孔丘，也没有让孔丘参与卫国的任何实际的政治决策，更没有给他任何职务。事情难道不是很清楚吗？我们比鲁国、卫国弱小，孔丘一行不请自来，不能不防啊！"

宋景公道："孔丘是当今圣人，最为讲究君君、臣臣、父父、子子，最为反对犯上作乱，不会做出什么篡夺之类的事情来的。他们如果在这里，帮助我们安邦定国，不是很好吗？人才难得啊！"

桓魋道："人才难得？人才如果另有所图，本事越是大，对我们越不利。"

于是，桓魋瞒着宋景公，带着一伙武装人员，到宋国都城之外去截孔子一行。

孔子一行进入宋国后，正向都城前进。他们走得累了，这时正在一棵树下休息，一边练习这样那样的礼。

桓魋带人赶到那里，确认了在树下的正是孔子一行人以后，就上前把他们围起来，说了很多不客气的话，不允许他们到宋国都城去，甚至要他们尽快离开宋国。

在进入宋国之前，孔子就了解了宋国的政治状况，对桓魋的专横跋扈早有耳闻，这下得到了印证。他想对桓魋说点什么，提出一些建议或者告诫。还没等孔子开口，桓魋见他们不走，就派手下的几个武士上前，三下五除二，就把那棵树砍倒了。

孔子一看这样的阵势，如果不走，桓魋真有可能下杀手。即使他自己奋不顾身，他也不能不顾及弟子们的性命。儒家是注重珍惜生命的。于是，他就和弟子们，向和宋国都城相反的方向而去。

桓魋和他的部下，仍然虎视眈眈地看着孔子一行离去。

孔子的一个学生受到这样的惊吓，看到桓魋及其部下这样的阵势，害怕啊，让孔子走快一些，安全第一。《论语·述而》第 23 章中记载，孔子说："天将德赋予了我，桓魋能拿我怎么样呢？"

泰伯的至德

《论语·泰伯》第 1 章中记载，孔子说："泰伯，其可谓至德也已矣！三以天下让，民无得而称焉。"意思是说："泰伯可以称得上品德完美了。多次让掉天下，人们无法用表示道德的名词来称赞他。""至德"是极高的评价，泰伯是什么样一个人，孔子为什么要给他这么高的评价呢？这当然是有故事的。

商朝的时候，周地只是一个诸侯国。周地出了一个杰出的君主，这就是古公亶（dǎn）父。在周得了天下后，追尊古公亶父为太王，因此，古书上也常叫他周太王。

古公亶父有三子：长子名泰伯，次子名仲雍，最小的儿子季历。当时商道渐衰，周日强大，其势必取商而代之。季历的长子，名字叫昌，德才超凡，古公亶父非常喜欢，很想把国君之位传给昌。可是，按照当时的礼法，长子有优先继承权，继承国君之位的，应该是泰伯，昌的父亲只是老三，很难得到国君之位的。因此，古公亶父就难免流露出这样的困扰。

泰伯知道了父亲的心思后，就多次辞让继位之权。后来，他为了让父亲下决心，就和二弟仲雍一起，避到南方"荆蛮"（今苏州、无锡一带）之地。他们仿当地习俗，剪掉头发，在身上刺花纹，表示决不再回中原发展。意思是告诉父亲和三弟，你们放心好了，我们决不会回到周地，来争这个国君之位。当然，实际上，他们不可能只是两个人来到南方，肯定也是带了很多人的，其中包括不少人才。因此，他们也就是把当时中原的文化带到了长江下游地区。这是北方文化的第一次大规模南迁。在当时，北方文化领先于南方文化。当地人尊敬以他们为代表的北方文化，就拥立泰伯为君主，建立了吴国。因此，吴地就奉泰伯为人文始祖。这就是历史上著名的"泰伯奔吴"。

泰伯去世后，安葬在无锡梅村，其墓至今尚存。因为泰伯没有儿子，就把吴国国君的位子传给了仲雍。仲雍去世后，就安葬在常熟，其墓至今尚存。仲雍的子孙，就相继当了吴国国君。

再说周地。大儿子和二儿子走了，古公亶父不再有传位给谁的困扰。他去世后，老三季历顺利地当上了国君。季历去世后，当然是昌当了周地国君。这个昌，就是周文王。周文王励精图治，周实力大增，三分天下有其二，但还没有造反。周文王去世，他的长子发当了国君，就推翻了商王朝，建立了周王朝。发就是赫赫有名的周武王。

周王朝建立后，王室想到南方还有自己的近亲，就派人去寻找。当时，吴国国君是仲雍的曾孙周章。于是，朝廷就把原来周地北的一个叫夏虚的地方，封给了周章的弟弟仲。夏虚也就是安邑，在今山西夏县一带。仲得到的这块封地，都城为虞城，所以，仲也叫"虞仲"。周王朝这样做，也算是对当年泰伯和仲雍让国君之位的一个报答。

听到这里，有的读者要问了："老师，当时周地，还是一个诸侯国，周还没有得天下。泰伯所让的，是一个诸侯国国君之位，孔子为什么说他让的是天下呢？"

问得好！因为如果泰伯成为周地国君，以周之力，完全也能够取商朝而代之，君临天下，建立新的王朝。而泰伯屡辞国君之位，后来竟然用远走高飞的方式来彻底辞让。他让掉的，是可以预见的天下。所以孔子说他"三以天下让"。

不过，泰伯和仲雍的高风亮节，确实是不容易做到的。那么，孔子为什么要在那个时候表彰他们呢？

春秋之世，天下滔滔。诸侯国之间，相互攻伐，诸侯国内部，也往往明争暗斗，弑君篡位之事，屡屡发生，杀大夫和大夫以下官员和贵族的事情，就更多了。他们之间的这些争斗，给百姓造成了深重的灾难，因为死得更多、损失更惨重的，当然还是百姓。他们怎么会有这些争斗？说到底，就是这些大人先生争利益。最大的利益是什么？当然是天下。可是，即使是天下这样大的利益，泰伯也能坚决地让。因此孔子称他为"至德"，"民无得而称焉"。孔子是在扬古人之清而激当世之浊，旨在改善世风。然而狂澜既倒，即使泰伯再世，也无济于事。假设有泰伯那样的人来让天下，让一次就够了，再也不会有让第二次的机会了，更加不用说三次、多次了。

孔子在匡地受到惊吓

孔子一行离开了卫国，到陈国去，经过匡地（故地在今河南长垣西南）的城外。

这天，给孔子驾车的，是颜刻。颜刻也是鲁国人，以前当过武士，在鲁国季孙氏家要员阳虎部下做过事。阳虎曾经率领武装人员进攻匡城，给那里的人造成了很大的损失，那次行动，颜刻也参加了。

现在驾车经过匡城外面，颜刻自然会想起那次军事行动，大约很骄傲，想向孔子和其他人夸耀一番。于是，他就举起马鞭，指着匡城城墙上的一个缺口，扯着嗓子骄傲地说："当年，我就是从那个缺口爬上去的。哈哈，那个缺口竟然还在，没有补上呢。"这还没有完，他还在那里津津乐道他当年的辉煌事迹。其他人也不免跟着兴奋起来，听他讲述。

附近的匡地人，觉得这一行人有点奇怪，稍微仔细一听，还竟然是在讲当年阳虎对匡人动武的事情！再一看，不得了，原来阳虎就在车上呢！于是，他们就慌了起来，一边奔跑，一边高叫："阳虎来了！阳虎来了！"

当地人一听"阳虎来了"，就急忙放下活计，操起家伙，都赶来，冲向孔子一行。

颜刻讲得兴致正高，大家都听得出神，忽然见很多人拿了家伙冲过来，怕了。匆忙之中，颜刻不等孔子下令，挥鞭打马，驾车便逃。其余的人和车，也都跟着逃。可是，他们逃了一会儿，才觉得实在无处可逃，因为四面八方都是拿了家伙来追他们的人。不长的时间内，他们被团团围住。好在那些人不急于进攻，但很明显，他们在不断逼近。

孔子检点一下人数，发现少了颜回，但慌乱之中，一时也没有办法寻找。看到这样的阵势，很多学生怕了。《论语·子罕》第5章中记载，这时候，孔子说："文王既没，文不在兹乎？天之将丧斯文也，后死者不得与于斯文也；天之未丧斯文也，匡人其如予何？"意思是说，周文王没后，体现文王之道的精神文化，俱在其身。若天欲丧此精神文化，则必不使他孔子得此精神文化；既令孔子得之，则天必不欲丧之。天既不欲丧之，则匡人必不能违天而加害孔子。体现文王之道的精神文化皆在孔子，此时孔子若亡，这些精神文化都会随之而去，那后人就不得与闻了。《诗》《书》《礼》《乐》《易》等，皆经孔子整理而成，"文王既没，文不在兹乎"之说，是实情而非自夸。危急之际，无法可施，即便是圣人，也只得委之于天而已。

这时，围困孔子他们的，不再是拿着家伙的普通民众，而是穿着盔甲的军士了，领头的那个叫简子，是匡地的贵族。

简子对孔子一行喊话："阳虎你听着！上次你带兵来袭击我们，我们吃了大亏。这笔债，我们一直记着。今天你落在我们手里，休想逃走。"

子路高声回答："这里没有阳虎啊！你们误会了。"

简子道："那辆车里坐着的，明明就是阳虎，你骗谁啊！我们这么容易骗啊？"

子路道："那是我们的老师孔丘先生！名满天下的孔先生，以前当鲁国大司寇，兼代理宰相的，和阳虎不是一伙的啊！"

简子道："是吗？你说他是孔丘，他就是孔丘吗？我说我是孔丘，我的部下说我是孔丘，你信吗？大家说是不是？"他转头对部下说："我是不是孔丘啊？你们说！"

简子的部下哈哈大笑，七嘴八舌地说："我们大人就是孔丘啊！你们那里怎么还有一个孔丘？"

子路见对方如此，勃然大怒，这简直是"是可忍，孰不可忍"！他拿起他的戟，就要往上冲。孔子一把拉住他，说："仲由！你怎么这么没有仁义方面的修养！诗书不习，礼乐不讲，这是我的罪过。述先王，好古法，这不是我的罪过。我不是阳虎，他们把我当成阳虎，这不是我的罪过。既然不是我们的罪过，大家不要怕，误会总会消除的。仲由你如果冲动，做了傻事，事情会更加糟糕。他们这么多人，我们无论如何也无法脱身。我们只能慢慢想办法。"

能想什么办法呢？孔子怎么能够证明他就是孔丘呢？学生和其他随从，怎么能够证明他们的领头人是孔丘，而不是阳虎呢？如果在当今社会，好办，把身份证拿出来就可以了，可惜当时没有这个。

到底是孔子，想到了一个办法。他和弟子等随从们，弹奏起乐器，大家一起唱起歌来。他们把最为高雅的乐歌例如《韶》和《诗经》里《雅》《颂》中的乐歌，唱了很多首。

这下轮到简子疑惑了：阳虎不仅不会这些，也鄙视这些的啊！阳虎的风格，也完全不是这样的。莫非这真的是孔丘？但是，他也

实在没有办法验证确凿，此人到底是不是阳虎。他也不能轻易放过
此人，万一他真的是阳虎呢？对简子来说，对匡人来说，阳虎毕竟
是一条大鱼啊！

　　简子决定，把这一行人带到城里，暂时软禁起来。孔子他们也
只得从命。他们晚上睡觉，白天仍然坚持"学而时习之"，内容不外
乎先王之道，诗书礼乐之类。当然，他们没有自由，被看管着呢。

　　到了第五天，他们获得了自由。因为卫国来了使者，这个使者，
是简子熟识的，也是简子信赖的。这个使者证明，简子他们所软禁
的，确实是孔丘，不是阳虎。这原来是一场误会。于是，简子就向

孔子一行道歉，马上把他们放了。

原来，孔子发现被围，就知道一定有误会在，就秘密派一个学生，赶快回到卫国，请卫国派人来解围。

《论语·先进》第 23 章中记载，孔子一行出城，看到颜回。孔子说："我以为你死了呢。"

颜回回答说："老师，您在，我怎么敢死呢？"

求道与求富

孔子一行周游列国期间，停留在陈国。孔子的两个学生，子路和巫马期，在一座叫韫丘的小山下打柴。

这时，在这小山上面的一块平地上，陈国富豪虞师氏，正在举办豪华的野餐。百把辆华贵的车子停在旁边。歌舞音乐，悠扬婉转。至于山珍海味，美酒香花，可以想象。

在陈国的时期，孔子一行生活很艰苦。子路看见不远处虞师氏野餐的场面，就对巫马期说："师弟啊，如果让你变得像虞师氏一样富有，但你的思想、学问和种种能力停留在现在的水平，也就是说，在求道行道的方面，你不会有任何进步，并且终身见不到我们的夫子，你是否愿意？"

巫马期喟然仰天长叹，把砍柴的刀扔在地上，回答说："我曾经听老师说过，勇敢的人时刻准备着献出自己的生命，志向高远的人时刻准备着为实现自己的志向牺牲自己。你这对我说这样的话，是不了解我吗？是在考验我吗？还是你自己有这样的想法？"

子路听了，觉得非常惭愧，就背起已经打到的柴，先回去了。

孔子看到子路一个人背着柴回来，便问："仲由啊，你不是和巫马期一起去打柴的吗？为什么你一个人先回来，巫马期呢？

子路就把他们看到富豪豪华野餐和他们师兄弟之间的对话,向孔子如实汇报了,并且说,他觉得惭愧,所以就先回来了。

孔子听了,拿过琴来,边弹边唱道:"肃肃鸨羽,集于苞栩。王事靡盬,不能艺稷黍。父母何怙?悠悠苍天,曷其有所?"这是《诗经》中的一首。孔子唱这些,表达的意思大致是,天下无道,没有尽头,使得我们没有时间和精力来谋求优裕的物质生活。为什么?他把寻求大道、实践大道以救天下,作为自己的使命。为了承担这样的使命,他和他的弟子等仁人志士就顾不上追求优裕的物质生活了。

可是,追求优裕的物质生活,是人性使然,就是子路这样的孔门优秀学生,竟然也不免有放弃求道行道,追求富裕的物质生活的想法。这使得孔子很沮丧。弹琴完毕,他叹道:"我的道看来难以行于世,使仲由也有了那样的想法。"

《论语·先进》第 19 章中记载,孔子表扬了在困苦的物质生活中坚持求道的颜回,批评了违背孔子求道的教诲,去做生意赚大钱的子贡。

可见,孔子是把求道置于求富之上的。

大家想想,在求道和求富方面,都取得可观的成就,有没有这样的可能?答案是肯定的!事实上,古往今来,这样的实例也是很多的。当然,大家所求的"道",未必是孔子的"道"了。

孔子因材施教实例之一

《论语·先进》第22章中记载，一天，子路问孔子："老师，听了应当做的事情就去做吗？"

孔子说："仲由啊，有父亲和哥哥在，怎么能'听了应当做的事情就去做'？应该去向父亲和哥哥请示，听他们的意见。"

又有一天，冉有问孔子："老师，听了应当做的事情就去做吗？"

孔子说："冉求啊，你这么聪明，这样的问题，还用问我吗？听了应当做的事情，当然就要去做啊。"

冉求走后，公西华问孔子，说："老师，日前仲由师兄问您，听了应当做的事情就去做吗，您说有父亲和哥哥在，应当向父亲和哥哥请示后，听父亲和哥哥的意见。今天冉求师兄问您，听了应当做的事情就去做吗，您说'听了应当做的事情就去做'。我就疑惑了，冒昧地请教。"

孔子说："冉求谦退，所以我鼓励他；仲由好胜，所以我就抑制他。"

子路好勇好胜，"子路有闻，未之能行，唯恐有闻"，其勇于为义、急于为义可知，因此不必担心他闻义不为或失之畏缩迟缓、逡巡犹豫。但正因为他急于为义、勇于为义，难免会闻当为即为，不待向父兄汇报，更不待父兄同意。在当时，子弟要做较重要的事情，必待父兄同意而后行，如果子弟不能做到这一点，就是"失礼""害义"。那么，子路就令人不得不担心有此患了。

冉求则与子路刚好相反，他生性怯弱、谦退。如此之人，恪守礼节，遇事向父兄汇报请示，必待父兄同意或指示后方行，闻义勇为就难以做到，往往会失之畏缩迟缓、逡巡犹豫。

孔子教子路，要他在闻当为之事后，待父兄之命然后行，不得自专擅行；教冉有，要他闻当为之事即为，不要畏缩迟缓、逡巡犹豫。如子路者，不患其不勇为，正患其不遵事父兄之礼；如冉求者，不患其不遵事父兄之礼，正患其遇事不勇为。孔子乃抑其一之太过而补其一之不足。

孔子一事而三教：教子路以敬父兄之礼，教冉有以闻义勇为，教公西华据具体情况作具体分析，不同情况应作不同处理，不可执一。

师生五人言志

《论语·先进》第 26 章中记载，一天，子路、曾皙、冉有、公西华陪同孔子闲坐。

孔子说："我比你们大一些，不要因我在这里而感到拘束。平时你们常说：'没有人了解我呀！'如果有当道者了解你们，给你们机会，那么，你们会怎么样呢？"

子路马上不假思索地回答："一个千乘之国，夹在两个大国之间，被人家军事侵略，接下来是大灾荒。我治理这样一个国家，三年下来，可以使百姓有抗击外敌的勇气和力量，而且明白道义，精神文明到达一定的境界。"

孔子不以为然地一笑。

"冉求，你怎么样？"孔子点名了。

冉求回答说："方圆六七十。"他想了一想，觉得太大了一些，老师会认为自己吹牛的，就缩小了一些："或者五六十吧，我治理这么大的地方，三年下来，可以使百姓生活资料充足。至于礼乐教化方面的事，就等有道君子来做了。"

"公西赤，你怎么样？"孔子继续点名提问。

公西赤回答道："我不是说能当官，但愿意学着干。在宗庙祭祀之事中，或在外交活动中，我戴着礼帽，愿意做一个小小的司仪。"

"曾点，你怎么样？"孔子问。在座的，也只有他没有回答了。

奏瑟的声音逐渐稀疏下来，铿然一声响后，曾点放下瑟站了起来，回答道："与三个同学说的不一样。"

孔子说："有什么关系呢？只是各言其志罢了。"

曾点说道："我的志向是，暮春时分，春天的服装已经穿定了，我带着成年人五六个，未成年人六七个，在沂水中洗澡，在舞雩临风游览，唱着歌归来。"

孔老先生长叹一声，道："我赞同曾点所说的啊！"

三个学生出门了，曾点在后面，他问孔子："那三个同学的话怎么样呢？"

孔子说："也是各言其志罢了。"

曾点又问："先生为什么要对仲由不以为然地笑呢？"

孔子说："治理国家，应该用礼，他说话就不合礼让之道，因此，我就不以为然地笑他。"

曾点问"冉求所说的不是国家吗？"

孔子说："怎见方圆六七十，或五六十的地方还不是诸侯国？"

曾点问："公西赤所说的不是诸侯国吗？"

孔子说："宗庙祭祀、外交活动，有这些事的，不是诸侯国是什么呢？公西赤当小司仪，谁能当大司仪呢？"

三子言志，曾皙鼓瑟，可知其志不在如三子者所云治国为政。曾点虽德行可嘉，然乏为政之才，难膺临民之任。时人知道，故从无荐他为官者。孔子也知道，所以未曾以为政才许之。他自己亦知道，所以从未妄言为政，也未尝问政。

为政乃行道，曾点自知己才未足以为政，乃取传道以为志，君子重道也。观其携"冠者五六人，童子六七人"游可知矣。

孔子周游列国，无论时也，势也，才能也，命也，未能行其道，则成定局，故亦退而求其次，致力于传道，此志正与曾点相合，故有"吾与点也"之语。

有人以为曾点之志，乃隐居享山水之乐，这是太不了解曾点了！也太不了解孔子了！观曾点事后请孔子评三子所言志，可知曾点岂志在山水哉！曾点之子曾参，传孔子之道而发扬光大，可谓善继父志者。

有人说，当时的社会，官师一致，即行政长官兼有教化百姓之重任，就像子游以弦歌教民。曾点也是如此。他所说的，是在政成之后，行政之余，以游赏歌咏等文化方式教化百姓。此种社会状态、官员的为政状态，自然是理想的，所以曾点之志如此。这样解释，也可通。但曾点终身没有做官，他的儿子曾参，也不愿做官，只为了养家糊口，做了不长时间的小官而已。

关于赋税的问答

《论语·颜渊》第 9 章中记载，鲁哀公问孔子的学生有若："年成不好，财政吃紧，用度不足，怎么办呢？"

有若回答："您怎么不收十分之一的赋税呢？"

鲁哀公道："收十分之二的赋税，我还不够花呢！更不用说收十分之一的赋税了。"

有若道："如果您的百姓用度充足，您怎么会不足呢？如果您的百姓用度不足，您怎么可能足呢？"

关于社会如何分配财富，周文王和姜太公也有过一段对话。

周文王问姜太公："怎么来治理天下？"

姜太公道："成就王业的国家，让百姓富；成就霸业的国家，让优秀的人物富；维持不亡的国家，让当官的富；快要走向灭亡的国家，财富尽量放在国家的仓库里。这就是上严重有余而下严重不足。"

文王听了，非常赞赏姜太公所说。

姜太公道："那就赶快采取措施啊！"

文王马上下令，打开国家仓库，赈济弱势群体。

可见，先贤们早就认识到了，对一个社会来说，贫富悬殊是有危险的。

齐景公果真"君不君"吗?

《论语·颜渊》第 11 章中记载,齐景公问孔子如何治理一个国家。孔子回答:"君君,臣臣,父父,子子。"意思是说:"国君像国君的样子,臣下像臣下的样子,父亲像父亲的样子,儿子像儿子的样子。"景公道:"说得好啊!我们国家确实是君不君,臣不臣,父不父,子不子。今年尽管能收许多粮食,我能吃得到吗?"

从《论语》中看,孔子对齐景公没有好评,齐景公完全是一个只善于搜刮民脂民膏、沉湎于享乐的昏君。《论语·季氏》第 12 章中记载,孔子说:"齐景公有马千驷,死之日,民无德而称焉。"可是,历史上的齐景公,在春秋时期诸侯国的君主中,还算是比较好的。

公元前 548 年,齐国大夫崔杼杀了和他妻子通奸的国君齐庄公,立齐庄公的幼弟杵臼为国君,这就是齐景公。齐景公即位后,崔杼、庆封等权臣相继专政并且激烈相争,折腾了 16 年,齐景公在晏婴等的辅佐下,使齐国的政治走向正常。此后,齐景公力图恢复齐桓公时代齐国的霸主地位,对内励精图治,国力大增,对外巧妙布局,游刃有余,和晋国争霸,曾经节节胜利,但最终还是以失败告终。总的来看,齐景公在位 58 年,除了前 16 年外,齐国社会比较安定,在诸侯国中的地位不断提高,为齐国此后的强国地位打下了很好的基础。

那么，齐景公到底是个什么样的君主？《论语》中，孔子为什么要这样批评他呢？

齐景公确实喜欢过奢侈的生活，在他当国君取得显著成就后，尤其如此。在某些方面，他确实"君不君"，当然，他手下的官员，未必都是"臣不臣"，不过，也的确有这样的臣子。

一天夜里，齐景公喝酒喝到深夜，还不尽兴，又带了随从驱车到宰相晏婴家。听到敲门声，晏婴家的门房赶快开门，并且向晏婴禀报。睡梦中的晏婴一听，吓了一跳，这个时候国君亲自来，不知道发生了什么严重的事件。他赶忙穿好官服出来迎接，见到国君就问："是不是别的诸侯国军队入侵我国？是不是有叛乱发生？还是有别的突发事件？"

齐景公哈哈大笑，摇头说："都不是，都不是，我夜里喝酒，觉得酒味醇厚，音乐悦耳，歌舞悦目，一人独乐，不如和人共乐，想找个人一起享用，我首先想到的，就是先生您啊！"

晏婴一听，没有什么突发事件，放下心来，在心里骂了一句"荒唐！"冷冷地说："您宫中有的是服侍您喝酒听乐看歌舞的人，这样的事情，用不着我来干吧。"

齐景公觉得扫兴，只得告辞。他还不死心，命令随从到穰苴将军家去。可怜的穰苴也被人从被窝里叫起来，睡眼惺忪地忙碌一番，穿戴梳洗，然后出来迎接国君。他也以为发生了什么严重的突发事件，见了国君以后，才知道是一场虚惊，国君只是想来他家喝酒。齐景公嚷着要喝酒。穰苴和晏婴一样，婉拒了。

齐景公不喝到酒不罢休，便令随从驱车向大臣梁丘据家。梁丘据也是被人从床上叫起来去迎接国君。他知道了国君的来意，大喜，吩咐家人赶快准备酒菜，请国君入席喝酒。国君大喜。梁丘据亲自演奏音乐，一会儿鼓瑟，一会儿吹竽，一会儿喝酒。梁家的歌儿舞女，又是献歌，又是献舞。景公喝得大醉，尽兴而罢，叹道："如果没有晏子、穰苴这样的人，国家如何治理得好？如果没有梁丘据这样的人，我又如何玩得开心？"

深更半夜到大臣家敲门讨酒喝，这样的国君，当然不像国君，这就是齐景公"君不君"的一面。大臣是协助国君治理国家的，不是陪国君吃喝玩乐的，应该像晏婴、穰苴那样，才是真正的大臣。梁丘据这样陪同君主享乐无度，就不是大臣所为，他应该就是"臣不臣"了。

齐景公有个宠妾，叫芮姬。芮姬给齐景公生了个儿子，叫荼，因为是公子，所以也叫公子荼。齐景公非常疼爱这个儿子，经常和他一起玩耍。他们玩的游戏花样百出。其中之一的"牵牛"的游戏，齐景公当然扮演牛的角色，他嘴里衔着一根绳子的一端，手脚全部着地，像牛一样。这绳子的另一端，则在公子荼的手里。就这样，公子荼就把父亲当成了牛，想牵就牵着走，想骑就骑着走，想到哪里去哪里。一次，公子荼正牵着父亲走，不小心跌了一跤，齐景公也没有准备，牙齿没有及时松开，有的就被拉断了。"孺子牛"的典故，就是这里产生的。

父亲总是疼爱儿子的，但是，教育也是疼爱的一部分。让孩子懂得仁爱、懂得尊重别人，是教育的基本内容。齐景公和公子荼，为父为子，到这个地步，不就是"父不父、子不子"吗？

齐景公五十八年夏，齐景公夫人燕姬所生唯一的嫡子去世。齐国国君之位，缺乏法定继承人。齐景公应该选择一个儿子，继承国君之位。他年老昏庸，不愿意谈继承人的事情，说国家怎么会没有君主，操这个心干吗。因为宠爱公子荼的母亲，他希望立公子荼为他的继承人。可是，公子荼还没有成年。

这年秋天，齐景公病重，立公子荼为太子，把其余的儿子都迁居到一个叫莱的地方。齐景公去世，公子荼即位，史称晏孺子。齐景公其他的儿子怕被杀，纷纷逃亡其他的诸侯国。次年，大夫田乞等造反，立公子阳生为国君，这就是齐悼公。悼公入宫，派人把晏孺子赶出宫殿，又把他杀了，他的母亲也被赶出去了。

齐国这一番动乱，和齐景公生前的"君不君、臣不臣，父不父、子不子"有直接的关系。

处理诉讼与没有诉讼

《论语·颜渊》第 13 章中记载，孔子说："听讼，吾犹人也，必也使无讼乎！"在处理诉讼方面，孔子认为自己也跟别人差不多，最多也就是明察秋毫无妄断。仅以听讼之精明能干来治理社会，这是务末、务流，使社会无讼，才是治理社会的正本清源之法。使无讼，则重在行教化，此正是孔子之所长。

鲁国发生了父子两个打官司的事情，是父亲告儿子不孝。季康子想把那个当儿子的杀了，因为他不孝。孔子说："不可杀！这样的事情，在鲁国，发生过不止一次了。原因在于领导者，如果领导者有道，社会上就不会发生这样的事情了。"

这个提出诉讼的父亲听了，就撤销了诉讼。

季康子说："在社会治理中，体现孝道，效果显著。如果杀一个不孝之子，警示世人，促使大家都敦行孝道，这也不是可行的吗？"

孔子道："不能这样。如果忽视了教化，仅仅是处理这些官司，就官司论官司，当杀就杀，有可能杀的是无辜者。三军大败，从统帅到士兵，不可以都按照军法从事。案件多得破不了，官司多得打不完，不可以加重刑罚。领导者应该先教化百姓，以身作则遵守社会规范，躬行社会道德，那么，百姓也就跟着做了。如果还有为非作歹的，领导者施加刑罚，百姓也能够知道犯罪是要付出代价的，是不光彩的。马没有了笼头，就不听使唤。马不听使唤，驾车人就狠狠地打马。马受伤多而重，驾车人也累，心情还不好。对百姓来说，礼法就是笼头。你不给百姓讲礼法，不给他们做示范，他们不懂礼法，违反了礼法，你就重刑伺候，不是在害百姓吗？你劳累忧伤，百姓也深受其害。"

季康子听了，从座位上站起来，对孔子施礼，道："我尽管不聪明，也会努力按照您的这些话去做。"

孔子下班后，回到家里。他的学生子路知道有父亲告儿子的事情，就问老师："老师，父子打官司，这正常吗？"

孔子说："不正常。"

子路道："既然如此，老师为什么让季康子免除了那个当儿子的不孝之罪，没有惩罚他？"

孔子把刚才对季康子讲的话讲了一遍，又说："没有要求做某事而突然要求此事的成果，这叫作害。缓行政令，使人们没有能及时执行，随即因此而惩罚他们，这就叫作暴。对人们不行教化，只是用严酷的法律来统治他们，这叫作贼。君子为政，应该避此三者。"这三条，也都在《论语·尧曰》第 2 章孔子说的"四恶"之列。

子帅以正，孰敢不正？

儒家非常重视领导者自身的言行对部下的影响作用。《论语》中，此类言论不少。《为政》中，掌握鲁国实权的季康子请教孔子："怎么样才能使百姓尊敬我、忠于我并且奋发地劳动？"孔子回答说："你以庄重的神色面对他们，他们就会尊敬你；你孝敬父母，爱护百姓，他们就会忠于你；你表彰他们中表现好的，教导那些能力差的，他们就会奋发地劳动。"

《颜渊》中，季康子向孔子请教如何为政。孔子回答说："政者，正也。子帅以正，孰敢不正？"意思是说："所谓'政'，就是'正'的意思。你自己率先使自己的行为方正，谁还敢不方正呢？"

季康子经常被偷，为此困扰，问孔子怎么办。孔子回答说："如果你没有贪欲，即使有奖赏，人家也不来偷。"季康子向孔子请教政事说："如果杀死无道的人，来使社会归于有道，怎么样？"孔子回答说："你为政，怎么用得到杀戮呢？你自己一心向善，百姓也就善了。君子的德行好比风，小人的德行好比草，风吹到草上，草必定会倒。"这就是："君子之德风，小人之德草。草上之风，必偃。"

《泰伯》中，孔子说："君子对亲人感情深厚，百姓就兴起向仁；君子不忘记故旧，百姓就厚道。"《子路》中，孔子说："其身正，不令而行；其身不正，虽令不从。"孔子又说："如果使自身正派，在从政方面有什么难呢？如果不能使自身正派，怎样使人正派呢？"所有这些，都是强调领导者自己的言行对为政的重要性。

某日，齐桓公对管仲说："我们这个国家不大，资源有限，出产更加少。可是，文武百官车马服饰之类的生活用品，都是那么奢侈。这样下去，国家经济，肯定难以支持的。我想下令禁止，可行吗？"

管仲说："我听说过这样的话，君主品尝一种食物，臣子就跟着吃了；君主喜欢什么衣服，臣子就跟着穿了。你自己的饮食和服饰等都是那么奢侈，这正是大家奢侈的原因所在。你想禁止大家奢侈，怎么不亲自拒绝奢侈呢？"

齐桓公听了，很是赞成。此后，他带头拒绝奢侈。一年下来，齐国从上到下，生活都崇尚简朴了。

齐景公喜欢穿男装的女子，于是，都城里的女子都穿男装。齐景公下令禁止女子穿男装，凡是看到穿男装的女子，基层纠察人员要上前撕碎她的男装，扯断她的腰带。一时间，街道等公共场合中，穿着破男装、拖着断腰带的女子很多，但是，不少女子还是要穿男装。

齐景公不理解，问晏婴，禁到这个地步，但还是效果不明显，原因何在？

晏婴说："你让你的后宫女子穿男装，又禁止都城的女子穿男装，这就像是店家在门口悬挂了一个牛头，收购马肉，能达到目的吗？你怎么不在宫中禁止女子穿男装呢？如果你宫中的女子不穿男装了，外面的女子，谁敢穿呢？"

齐景公想想，觉得有道理，就下令禁止宫中女子穿男装。果然，不到一个月，都城中就没有女子穿男装了。

齐国人喜欢驾着车去撞击别的车的车毂，一来显示自己驾驶技术的高超，二来显示自家的车毂材质好，此外，也有取乐的意思。当局屡次禁止无效后，宰相晏婴就想了一个办法。

某次，晏婴用好马拉一辆新车，在大庭广众之下，用自己的车毂去撞击别人的车毂。撞击以后，晏婴马上下车，说："驾车行走，车毂相击是不祥之事。难道我祭祀中有什么过错？平时言行举止有什么不注意的地方？"说完，他就丢下马车走了，说这些是不祥之物，不要了。

这件事一下就传开了。从此以后，齐国驾车撞击人家的车毂这个风气就逐渐消失了。

季孙氏治鲁

季孙氏家族的首脑季康子掌握鲁国大权。他执法杀人多、罚人多。确实，按照法律来衡量，他杀的人都是该杀的，他罚的人也都是该被罚的，量刑并没有不当之处。

可是，孔子的学生子贡，却批评季康子所行是暴政。

对子贡的批评，季康子不认可，当面对子贡说，他处理各种案件，都是秉公办理，量刑都是其恰如其分，称其为"暴政"是不公正的。

子贡道："子产治理郑国，一年下来，被罚的人明显减少，两年下来，被杀的人没有了，三年下来，监狱里没有人了。所以，郑国民心就都向着子产，百姓爱戴子产，如孝子之敬爱父母。子产病重将死，大家都愿意代子产去死。子产去世，士大夫哭之于朝，商贾哭之于市，农夫哭之于野。哭子产者皆如丧父母。现在我们鲁国呢，我听说，您生病了，大家就高兴；您痊愈了，大家就害怕。大家听说您去世了，就庆贺；听说您活过来了，就恐怖。到这个地步，您所行的，不是暴政是什么啊？"

季康子客气地说了一句："受教了。"可是，他还是想不明白。

《论语·颜渊》第 19 章中记载，季康子向孔子请教如何来治理鲁国，说："如果杀死无道的人，来使社会归于有道，怎么样？"

孔子回答说："你为政，怎么用得到杀戮呢？你自己一心向善，百姓也就善了。君子的德行好比风，小人的德行好比草，风吹到草上，草必定会倒。"

这下，季康子应该明白了。

关于"仁"和"智"的问答

《论语·颜渊》第 22 章中记载，樊迟问孔子什么叫"仁"。孔子说："爱人。"

樊迟又问什么是"智"。孔子说："知人。"

樊迟想不明白"仁"和"智"二者之间的关系。仁者爱人，爱一切人。为何要了解别人？是为了和人相处，决定与人的亲疏远近。问题来了，亲近固然是"爱人"，而疏远显然不是"爱人"之道。你了解下来，知道某甲为人比较差，很难相处，那么，你以后就会离他远一些。这是对某甲的爱吗？当然不是。那么，"爱人"和"知人"，不就矛盾了吗？樊迟的疑问，就在这里。

孔子见樊迟不明白，就说："荐举正直的人，让他们来整治那些邪枉之人，能使那些邪枉之人归于正直。"

樊迟还是没有明白，但他不好意思再问了。

樊迟从孔子那里出来后，看见子夏，道："刚才我去见我们老师，向他请教有关智的问题。老师说：'荐举正直的人，让他们来整治那些邪枉之人，能使那些邪枉之人归于正直。'这话说的是什么意思？"子夏道："这话的含义真丰富啊！舜得了天下，在大众中选拔人才，推举了皋陶（Gāoyáo）做大官，邪恶的人就不见了。汤得了天下，在大众中选拔人才,推举了伊尹做大官,邪恶的人就不见了。"

子夏以舜、汤之例说明之。舜举皋陶,汤举伊尹,都是建立在"知人"的基础上的。他们举皋陶和伊尹担任重要职务,来对付不仁者,天下的不仁者就慢慢消失了。这些不仁者到哪里去了?都变成好人了啊!他们举皋陶和伊尹担任重要职务,来对付不仁者,是对皋陶和伊尹的爱,这毫无疑问,那么,是不是对那些不仁者的爱啊?谁说不是呢!让他们都变成好人,这爱还小吗?

一天,子路来见孔子。孔子问子路:"仲由,你说说看,智者是什么样的?仁者是什么样的?"

子路回答:"智者能够使别人了解他自己,仁者能够使别人喜爱他自己。"

孔子说:"你可以称得上一个优秀的人物了。"

子路离开后,子贡来见孔子。孔子把他刚才问子路的问题告诉了子贡,让子贡回答。

子贡回答:"智者能够很好地了解别人,仁者能够爱别人。"

孔子说:"你可以称得上一个优秀的人物了。"

子贡离开后,颜回来见孔子。孔子把他刚才问子路和子贡的问题告诉了颜回,让颜回回答。

颜回回答:"智者能够很好地了解自己,仁者能够很好地爱自己。"

孔子说:"你可以称得上一个非常优秀的人物了。"

孔子为什么特别赞赏颜回的回答呢?因为,只有很好地了解自己,才能积极弥补自己的不足,才能以最为适合的方式为天下苍生服务;只有爱自己,才能充分实现自己的价值,发挥自己的作用,为天下苍生作尽可能大的贡献。

重视职能部门的作用

《论语·子路》第 2 章中记载，孔子的学生仲弓当了季孙氏家族所任用官员的一把手，向孔子请教如何为政。孔子的回答中，有"先有司"一条。"有司"是"职能部门"的意思。"先有司"，意思是"注重发挥职能部门的作用"。

孔子的另一个学生宓不齐（字子贱），当一个叫单父的地方的一把手。他担任这个职务期间，读读书，弹弹琴，很少走出自己的衙门，但单父被他治理得很好。

宓不齐不担任这个职务后，孔子的另外一个学生巫马期来担任这个职务。巫马期的为政风格，和宓不齐完全不同。他天不亮就出衙门，深入到民间，到办事现场，天黑以后才回衙门，凡事都亲力亲为。单父也被他治理得很好。

巫马期和宓不齐见面后，就交流治理单父的体会。宓不齐听了巫马期的陈述，就把自己治理单父的情况告诉巫马期，然后，总结道："处理政务，我使用的是我部下的力量，而你使用的是你自己的力量。因此，我干得非常轻松，你干得如此劳累。"

宓不齐这样的为政风格，就是"先有司"。领导者不必事事躬亲，只要起领导的作用，至于具体的操作，让部下职能部门去干就可以了。

如何"举贤才"？

《论语·子路》第 2 章中记载，仲弓当了季孙氏封地的首脑，向老师孔子请教为政之法。孔子的回答中，有"举贤才"一条。这"举贤才"，包括向上级荐举他所管辖范围内的贤才，也包括以不同的形式任用这些贤才。

孔子对学生宓子贱说："你治理单父那个地方，治理得很好，上上下下都很满意。你告诉我，你是怎么治理的？"

宓子贱说："我把当地人的父亲作为自己的父亲来对待，把当地人的孩子作为自己的孩子来对待。使没有依靠的人也能生活下去，使遭到不幸的人得到安慰。"

孔子说："这些属于小节的地方，你做得很好，那些得到你好处的百姓会向着你。可是，作为为政，仅仅做这些是不够的。"

宓子贱说："我把三个贤者当作父亲来对待，把五个贤者当成兄长来对待，把十一个贤者当成好友来对待。"

孔子说："嗯，把三个贤者当作父亲来对待，这可以教大家如何行孝；把五个贤者当成兄长来对待，这可以教大家如何友爱兄弟姐妹；把十一个贤者当成好友来对待，这可以教大家如何进行学问道德方面的修养。中等的人物会向着你。可是，就为政而言，这还是不够的。"

宓子贱说："单父有比我优秀的五位贤者，我把他们当老师来对待，他们都教我如何进行社会治理，对我的为政作批评，提建议。"

孔子听了，高兴地说："对！为政最为重要的，就在这一条！尧、舜成功的奥秘，最为重要的，也是这个。一个人的能力，总是有限的，不可能什么情况都了解，什么知识、什么能力都具备，什么主意都正确、都完备，因此，总要有贤者帮助，才能做好大事，为政尤其如此。举贤者，是百福之宗，神明之主。宓子贱你所治理的地方虽然小，但你用的治理方法确实是得其大者，可以说是继承尧、舜了。"

治理国家的秘诀

《论语·子路》第 15 章中记载，鲁定公问孔子："一句话可以振兴一个诸侯国，有这样的话吗？"

这个国君倒也是想把国家治理好的，但是他找不到正确的方法，又懒惰，还想速成，走捷径。他想寻找类似于武功秘诀那样的治国秘诀，而这个秘诀，还不能是复杂的，必须简单，要简单到一句话。所以，他就向孔子提出了这样的问题。

孔子回答说："一句话不能如此来预料它的功效。人们有这样的话，'为国君难，为臣下也不容易'，如果因此而知道为君之难，这不几乎是一句话振兴一个诸侯国吗？"

定公又问："一言而丧邦，一句话能使一个国家垮台，有这样的事吗？"

孔子回答道："一句话不可以如此预料它的功效。人们有这样的话，'当国君，我没有什么别的快乐之处，只是我发了话没有人违抗我'。如果他的话是正确的，没有人违抗，不是很好吗？如果他的话不正确而没有人违抗，这不几乎是'一言而丧邦'吗？"

一个国家兴起或是垮台，原因也许很复杂，但是，其中都是有孔子说的这样的原因的。

春秋时,有个诸侯国,叫郭国,故地在今山东聊城一带。在一次动乱中,郭国的君主郭君逃出郭国。

路上,郭君对给他驾车的人说:"我口渴了,想喝点什么。"

驾车人就伸手从车中拿了一罐子清酒给他喝。

一会儿,郭君又说:"我饿了,要吃点东西。"

驾车人就伸手从车中拿出肉脯和干粮来,给了他。

郭君吃着,感到奇怪,就问:"怎么这些东西你随手就拿来了?似乎是早就准备在那里的。"

驾车人道:"是的,我早就准备在那里的。"

郭君道:"你怎么想到要准备这些的呢?"

驾车人道:"都是为您逃亡准备的,不然,逃亡的路上,您不是会挨饿受渴吗？"

郭君道："这样说来，那你是不是知道我就要出逃？"

驾车人道："是的。"

郭君道："那你为什么不给我提建议，让我避免这样的局面呢？"

驾车人道："你太喜欢听赞美的话了，听不进任何不同意见。如果我提了建议，说不定比郭更早灭亡了。其他人也一样。所以，我不提建议，其他人也不提建议。"

郭君听了，大怒，说："你倒说说看，我弄到亡国的地步，原因到底是什么？"

驾车人道："原因是你太英明了。"

郭君道："国君英明，国家应该兴旺，而不应该灭亡啊！像我这样英明，国家却灭亡，到底是什么道理啊？"

驾车人道："天下没有优秀的人，只有国君您一个人优秀，这就是您的国家灭亡的原因。"

郭君听了，伏在车前的横木上，长叹一声，道："英明如我者，眼光自然不凡，放眼望去，当然看不到比我优秀的人才而任用之，难免导致这样的局面！"

他叹息了好一会儿，身体疲倦，就头枕驾车人的腿，睡着了。

驾车人停下车来，拿过一个早就准备好的枕头，把自己被郭君枕着的那条腿换下来，然后，从车中拿了很多食物，抛下郭君，离开了。

郭君孤家寡人一个，死在荒野，为虎狼所食。

直到临终，他还是认为，他之所以有如此结局，是因为他实在太英明了。

宋昭公失败，逃亡到其他的诸侯国，对给他驾车的人说："我知道我失败的原因了。"

驾车人问："什么原因啊？"

宋昭公道："我披了一件新衣服，身边数十人都说这件衣服非常漂亮。我提出一个为政设想，朝臣数百人都说我是圣者，都赞扬我的设想尽善尽美。我长期看不到自己的不足，更加看不到自己的过失，所以失败了。"

此后，宋昭公改弦易辙，笃行正道。不出两年，他的好名声传遍宋国，宋人把他迎接回去，重新奉他为国君。他去世后，得到"昭"这个谥号，还是赞美的意思。这是他后来的作为换来的。

楚庄王考虑楚国政事，面有忧色。大臣申公巫臣问道："大王忧虑什么啊？"

庄王道："我听说，能选择贤者为老师的诸侯可以成就王业，能选择贤者为朋友的诸侯可以成就霸业，而身边都是不如他的人的诸侯，他的诸侯国会灭亡。我这样没有出息的人，身边各位大夫的言论，都不比我高明。我因此忧愁。"

楚庄王当国君的时候，楚国强盛，在诸侯国中很有威望。可是，他还是为无法得到贤者来任用而担忧。

欲速则不达

《论语·子路》第 17 章中记载,子夏担任莒父这个地方的行政首脑,来向孔子请教如何为政。孔子对他说:"无欲速,无见小利。欲速,则不达;见小利,则大事不成。"意思是说:"不要急于求成,不要注重小利。急于求成就达不到目的,注重小利就大事不成。"

不顾各种条件是否具备,以不切合实际的高速度行事,违背客观规律,必受到客观规律的惩罚而不能达到目的。

鲁定公问颜回:"你也听说过东野毕那高超的驾车技术吗?"

颜回道:"听说过的,确实高超。可是,给他拉车的马,肯定会逃。"

鲁定公听了,不高兴,对人说:"看来君子也会没有根据地说别人的坏话。"

颜回听了,就知趣地离开了。

三天后,管理马匹的人来叫苦:"拉车的四匹马都逃进了马厩,不肯拉车!"

鲁定公听了,大吃一惊,顿时站了起来,赶忙命令手下驾车去请颜回来。

颜回到了,鲁定公问:"三天前,你说过东野毕驾车的马会逃,你是怎么知道的？"

颜回回答道："我是凭大舜为政的方法知道的。大舜巧于使民，造父巧于使马。舜不穷尽其民之力，造父不穷尽其马之力，所以大舜管理的社会没有逃跑的百姓，造父驾车没有逃跑的马匹。东野毕驾车，即使拉车的马已经精疲力竭了，他还挥鞭驱赶，一点儿都不爱惜马力。马怎么吃得消？马吃不消，他又要挥鞭打，马当然要逃了。马逃了，车当然也跑不成了。这就是求快反而连正常的行驶都无法做到了。"

鲁定公道："你这话很有哲理，请你继续发挥。"

颜回道："我听说，鸟穷则啄，马穷则逃。自古及今，未有穷其下而能无危者也。当领导也是如此。"

子贡问士

《论语·子路》第 20 章中记载，子贡问道："怎么样才可以称得上士呢？"

孔子说："行事有耻辱之心，出使别的诸侯国，能完成君主交给的使命，这样的人，可以称得上士了。"既富有道德修养，其才能又足以承君命当大任，如此则是士之上者。子贡长于言语，有外交才能，孔子言士之才而以出使不辱君命为言，一是对子贡之勉励，二是于子贡更为明切。这也是孔子因材施教的一个例子。

子贡说："冒昧地问下一个层次的士。"

孔子说："宗族中赞扬他孝，乡邻间赞扬他悌。"士之次者，道德修养方面，孝悌之本已立，然才能不足，名不出乡党宗族。用以劝孝劝悌虽有余，用以任事则难必。

子贡说："冒昧地问再下个层次的士。"

孔子说："说话必定真诚，行事必定收到预期的结果，一副顽强浅陋样子的小人！不过也可以作为士中比较次的一类了。"再次者，守信至于固执，量浅识陋，偏执一隅，而未明大小轻重缓急之分，未通权宜之计，然守信践诺，尤有可取之处。虽未足以任大事，然有小事使之，则亦可成。

子贡又问："现在那些当官的，也就是'今之从政者'，怎么样呢？"

孔子说："噫，那些斗筲（shāo）之人，哪里能算得上士呢！""斗筲之人"，意思是才短识浅、器量狭小之人。斗为量器，一斗容十升。筲为竹制容器，一筲容二升。至于"今之从政者"，才短识浅更甚于士之下者，且器量狭小，不足以称士矣。

子贡之德才，无疑足以当士之上者。或许他志向不高，故每问愈下，问士而至以"今之为政者"问之，孔子以"噫，斗筲之人，何足算也"答之，一噫一喝，当有警示之意在。

后来，子贡成了一个成功的外交家。子贡在鲁国做官期间，某一年，齐国攻打鲁国，鲁国吃不消。子贡见鲁哀公，建议向吴国请求救兵。哀公同意了，因为没有别的办法，又道："你要带什么宝贝去，尽管说，即使以前国君的宝贝，也在所不惜。"

子贡道："如果吴国得了宝贝才肯出兵，这是靠不住的。"于是，子贡只是带上六张杨干麻筋之弓，就出发了。

到了吴国，见到吴国国君，子贡就开门见山，讲了齐国进犯鲁国的事实和鲁国面临的局势，分析道："齐国无道，想吞并我国。如果齐国的图谋得逞，那么，鲁国和附属国邾国的赋税，就属于齐国了。齐国那么强大，这对吴国有利呢，还是不利？这是吴国不能不考虑的。"

齐国常常和吴国闹矛盾，两个诸侯国还多次交战。齐国如果吞并了鲁国及其附庸，就会更加强大，这当然是对吴国不利的。吴王一听子贡这样说，怕了，就马上出兵救助鲁国，把齐军赶出了鲁国。

其他诸侯国都说："齐国攻打周公后代的诸侯国，吴国派兵相救，做得好。"于是，他们都和吴国建立联系，齐国就孤立了。

力气与德行

《论语·宪问》第5章中记载，南宫适（kuò）对孔子说："羿善于射箭，奡（Ào）能陆地行船，都不得善终。禹和稷亲身种田，而他们的子孙得到了天下。"孔子没有回答。南宫适离开后，孔子说："此人真是个君子啊！此人真崇尚道德啊！"

羿是古代有穷氏首领，善射，逐夏天子太康而夺其位，恃其勇力，不修民事而好淫乐，被其部下寒浞（zhuó）所杀。奡是寒浞之子，有勇力，能陆地行舟。曾奉父命讨平诸部落，杀帝相，封于过。后来被夏天子少康所杀。

禹奉舜命治水，教人们于低湿地种稻。稷，也叫后稷，擅长于种植，尧时举为农师，天下受其利。后稷受封于邰（Tái），相传周王室就是他的后代。

南宫之意，是说羿、奡自恃其力为暴，行篡夺之事，但好景不长，不久就遭到杀身之祸，而禹、稷不以多力闻，躬行稼穑之事为民造福，终有天下，传之子孙。这是天下归于有德者而不归于多力者，所以君子尚德而不尚力。因此孔子以"君子""尚德"赞之。

此章也反映了我国古代"重农"的思想。先秦学派，几乎无不重农，以农为"本"，商贾则为"末"。后世也是如此。儒家尤以当道者"重农"为其"德"的重要方面。因为对当道者来说，德最基本的内容是让人们生活有保障，而粮食则是人民生活最基本的必需品。故有德的当道者皆重视农业，有些更是以重视农业著名的，禹、稷就是如此。

组织专家办事的专家

《论语·宪问》第 8 章中记载，孔子说，郑国撰写外交文书，总是"裨谌（chén）草创之，世叔讨论之，行人子羽修饰之，东里子产润色之"。因此，郑国的外交文书，写得特别漂亮，特别得体，在郑国的外交活动中，发挥了重要的作用。

子产，姓公孙，名侨，是春秋时郑国的著名政治家。当时，他是郑国的宰相，这些工作都是他在组织。每当撰写外交文书，子产的具体操作是这样的：先大夫裨谌起草；然后，请大夫世叔研究分析；再请公孙挥修改文饰；最后，子产自己再作润色，给文书增加文采。

这也是有原因的。《左传·襄公三十一年》的记载更加详细，"子产之从政也，择能而使之：冯简子能断大事。子大叔（世叔）美秀而文。公孙挥能知四国之为，而辨于众大夫之族姓、班位、贵贱、能否，而又善为辞令。裨谌能谋，谋于野则获，谋于邑则否。郑国将有诸侯之事，子产乃问四国之为于子羽，且使多为辞令；与裨谌乘以适野，使谋可否；而告冯简子，使断之；事成，乃授子太叔（世叔）使行之，以应对宾客。是以鲜有败事。"裨谌善谋，在城外思考问题，他可以得到正确的结论，在城内思考呢，就差一点了。因此，遇到外交事务，子产首先和裨谌乘了车，到郊区去兜风，一边请裨谌谋可否，定基本决策，划定框架，起草几个方案。然后，他请大夫冯简子决断选择以哪个方案为主，因为此人特别善断。世叔经验丰富，学问广博，所以，子产也要请他分析研究。公孙挥，即子羽，他是行人，也就是外交官，熟悉其他诸侯国的情况，特别是各诸侯国众大夫之族姓、班位、贵贱、能力、个性、贤否，他非常熟悉。而且他善为辞令，精通外交文书的程式和措辞，撰写外交文书，子产当然也要请他参与。最后，外交活动大多交给子大叔（世叔）去实施，因为他美秀有文，既长得俊美，文化修养又高，是天生的办外交的料子。因此，郑国的外交文书就非常出色，外交活动也很成功。

例如，某年郑国讨伐陈国，打了大胜仗。当时，晋国国力强盛，是名副其实的霸主，子产代表郑国去向晋国通报这件事。晋国方面问，陈国有什么罪，你们要去讨伐它？陈国小，郑国大，你们凭什么以大欺小？子产就凭出色的外交辞令，回答得入情入理，且言辞得体，文采斐然，得到了晋国的认可，认为"其辞顺"。

孔子听说了这件事，就对子贡说："古书上说，语言可以表达思想感情，文采用来强化语言的功能，不然，谁知道你的思想感情？言之无文，行而不远。晋是霸主，郑国伐陈这件事，如果没有子产这些文辞，没有这么好的效果。所以，一定要重视文辞的作用！"

其实，不仅是撰写外交文书，其他的事情，领导者也都应该这样来做。领导者不必是某个方面的专家，但是，他必须是组织专家办事的专家，子产就是如此。

孔子为什么不评论子西？

　　《论语·宪问》第 9 章中记载，有人问子产怎么样、管仲怎么样，孔子都作了很高的评价。问到子西的时候，孔子只是说："那个人啊，哈哈，那个人啊！"这是什么意思呢？仔细品味，尽管看起来，孔子是在表示不愿意评论，或者不方便评论，但实际是，我们能够感觉到，孔子对子西的看法，应该是负面的。

　　那么，子西是谁？孔子为什么对他有负面的看法？

　　子西是楚平王的庶长子。楚平王二年，朝廷派太子少傅费无忌到秦国去迎接太子建的新娘孟嬴。回到楚国后，费无忌马上向楚平王汇报，说这个孟嬴实在太美了，大王还是您收了吧。楚平王一看，这女子果然很美，就自己要了，给太子另外娶了个女子。

　　这事情，太子建当然会知道，他就疏远费无忌。费无忌觉得，如果以后太子建当了国君，他的处境会很危险。于是，他就搬弄是非，挑拨楚平王和太子建之间的关系，导致太子太傅伍奢及其长子伍尚被杀，伍奢的次子伍子胥逃亡吴国，太子建也逃亡别的诸侯国，后来在郑国被郑人所杀。楚平王于是立他和那个秦国女子孟嬴所生的儿子珍为太子。

　　楚平王去世后，将军子常建议，太子珍还没有成年，而且他的母亲就是孟嬴，立珍为国君不合适，还是立子西比较好，因为子西是楚平王的庶长子，且正当着令尹，也就是宰相。可是，子西坚决不愿意当国君。于是，十来岁的珍当了国君，这就是楚昭王。

此后，伍子胥带吴国军队伐楚报仇。十几年中，楚国屡次大败，不得安宁，楚昭王本人也屡历险境。楚昭王十六年，吴国伐越以后，楚国才免于吴国的威胁。二十七年，楚昭王去世，其子章即位，为楚惠王。子西还是当令尹。

楚惠王二年，子西把太子建的儿子胜从吴国召回楚国，让他当巢地的大夫，号为"白公"，史称"白公胜"。此人好弄刀兵，一心想向郑国报杀父之仇。因此，他屡次向子西提出讨伐郑国，为他的父亲报仇。子西一直口头上答应，但没有行动，这使白公胜很不满意。成语故事"叶公好龙"中的主角叶公，其实是楚国很出色的一位政治家和军事家。他提醒子西，白公胜是一个危险人物。子西满不在乎地说，白公胜就是他翅膀保护下的一只小鸟而已，他还准备让白公胜当他的继承人。

楚惠王八年，晋国攻打郑国，郑国求救于楚国，楚国派子西亲自率领军队救郑国。到了郑国，子西协助郑国打退了晋军，也收受了郑国许多贿赂。白公胜知道了这些事，大怒。他和刺客石乞等一起，发动突然袭击，杀了子西等楚国重要的大臣，劫持了楚惠王。

楚惠王在别人的帮助下逃脱，白公胜自立为楚王。这时，叶公组织力量，打败了白公胜。白公胜被杀，楚惠王复位，叶公担任令尹。楚国这才恢复了太平。

楚平王的那些无道行为，例如截取太子新娘、不信任太子建、杀伍奢父子等，给楚国造成了巨大的灾难，多少人因此失去了生命。

子西身为楚平王的庶长子，甚至后来还担任令尹这样的重要职务，对楚平王这些无道行为，竟然没有发挥任何制约作用，史书上也没有关于他谏楚平王的任何记载。

楚平王去世以后，子西不愿意当国君，让年幼的弟弟当国君，表面上是谦让，实际上是对楚国不负责任。那时，他当着令尹，完全可以代行君主的职权，对楚平王的那些倒行逆施实施补救，例如给伍奢父子平反等，但是他没有。因此，以儒家的为子之道、为官之道来衡量，子西自然是不合格的。

那么，孔子对他作委婉的负面评价，也就可以理解了。

臧武仲的智慧

《论语·宪问》第 12 章中，子路问孔子，什么样的人可以称得上理想中的完美的人。孔子回答说，这样的人应该符合几条标准，其中一条叫"若臧武仲之知（同'智'）"，意思是说，像臧武仲那样富有智慧。

臧武仲，即臧纥，也称臧孙纥，春秋时鲁国大夫，卒，谥武仲。臧氏的封地在防，故地在今山东省费县东北，费县是鲁国权臣季孙氏家的封地费邑的故地。

臧武仲的父亲臧宣叔，在铸国娶妻，生了长子臧贾、臧为。后来妻子去世了，臧宣叔以妻子的侄女作为继室。这个女子是鲁宣公夫人穆姜妹妹的女儿，生了臧纥，也就是臧武仲。因为有这样的关系，臧纥从小在鲁宣公的宫中长大。穆姜尤其喜欢臧纥。臧纥被立为臧孙氏的继承人。臧贾、臧为则住在铸国。后来，臧纥在鲁国官至司寇。

臧武仲以多智慧著称。季孙氏、孟孙氏和叔孙氏，是鲁国著名的"三桓"，实权派人物。季孙氏很喜欢臧武仲，经常表扬他，但是，孟孙氏很讨厌臧武仲，经常批评他。

后来，孟孙去世了，臧武仲去参加丧礼，哭得很伤心。他回去的时候，给他赶车的人问他："孟孙那么讨厌你，他去世了，您竟然哭得那么伤心。季孙如果去世了，您又会哭得怎么样呢？"

臧武仲回答："季孙喜欢我，有时喜欢得过头了。他们的有些赞扬，会助长我的某些毛病。孟孙讨厌我，经常很严厉地批评我，不过，他的不少批评确实是有道理的，能够治我这样那样的毛病。以后，季孙还会助长我的某些毛病，但是，治疗我这些毛病的药，却没有了。如果这些毛病发作，那么，我就无药可救了。想到这些，我怎么能不如此伤心呢？"

面对赞扬和赞扬者、批评和批评者，一个人能够这样想，确实是个富有智慧的人了。

鲁襄公二十三年，臧武仲在鲁国复杂的政治斗争中失败，在鲁国待不下去了，他逃到邾国，后又逃到齐国。齐庄公要给他封地，让他定居齐国，为齐国服务。可是，他预判齐国政局会发生巨大变化，齐庄公的统治难以长久，就设法拒绝了。后来，齐庄公被大夫崔杼所杀，不少人受到牵连，而臧武仲没有卷入其中。（参见本书《崔子弑齐君》。）

完美的人

《论语·宪问》第 13 章中，子路问孔子，什么样的人可以称得上理想中的完美的人。孔子回答说，这样的人应该符合几条标准，其中一条，叫"卞庄子之勇"，意思是说，像卞庄子一样的勇力。

卞庄子是春秋时鲁国卞邑大夫，卞邑是他的封地，故地在今天山东省泗水县泉林镇。此人以勇力闻名于世。相传某次齐国军队进攻鲁国，远远地绕道行军，不敢靠近卞邑，为什么？他们怕招惹卞庄子啊！

卞庄子勇名远扬，甚至某些地方发生了虎患，都要请卞庄子去刺杀老虎。可是，卞庄子不是有勇无谋的莽夫，也会动脑筋。

某一次，某地请他去擒杀老虎，把他安顿在一个旅馆里。在离旅馆不远的地方，他们拴了一头牛，作为诱饵，引老虎来吃，让卞庄子可以下手杀虎。

两只老虎上当了，果然来吃牛。卞庄子看到后，迫不及待地拿起长矛，就要冲出去刺杀那两只老虎。

这时，旅馆中一个跑堂的少年拦住了卞庄子，说："壮士且慢。那两只老虎已经将牛扑倒，快要下嘴吃了。它们觉得味道鲜美，就必定相争。两虎相争，必定搏斗。两虎搏斗，结果肯定是大的受伤，小的死亡。到时候，您只要出手杀受了伤的那一只，就容易多了。如果您现在上去，同时和两只老虎搏斗，很吃力的。"卞庄子一听，觉得有理，就留在旅馆里，关上门，从窗子里观察两只老虎的情况。

不一会儿，那两只老虎果然为争牛打了起来。经过一番搏斗，小一些的老虎被大老虎咬死了，大老虎呢，精疲力竭，气喘吁吁，身上伤痕累累，流血不少。这时，卞庄子冲上去，没有费多大力气，就刺杀了那只大老虎。

后来某一次，齐国军队又侵犯鲁国，卞庄子主动请缨，上阵杀敌。两军交战，卞庄子接连擒获了对方三个穿盔甲的勇士。将军请他不要再上阵，因为他还没有儿子，如果牺牲了，他的祖先就没有人祭祀了。卞庄子不听，又冲入敌阵，一连杀了七十多人，最后被敌军杀死。

臧武仲为什么要挟国君?

臧武仲，正式的姓名是"臧纥"（参见本书《臧武仲的智慧》）。他为什么要要挟国君呢？

臧纥家族是大夫家族，有封地，叫"防"，在季孙氏家族的封地费邑的旁边。臧武仲的父亲是臧宣叔，他的前妻给他生了两个儿子，分别是臧贾和臧为，后来去世了。臧宣叔又娶了前妻的侄女为续弦夫人，这女子是鲁宣公夫人穆姜妹妹的女儿，生了臧纥，也就是臧武仲。正是由于和国君有这样的关系，臧纥被立为臧孙氏的继承人。

后来，臧纥在鲁国当司寇的时候，和早先青睐他的季孙氏发生了矛盾。

因为矛盾升级，季孙氏派兵进攻臧孙纥所在的防地。臧孙纥一看不妙，就逃出鲁国，到靠近鲁国的小国邾躲避。

不久，臧纥派人回到鲁国，带话给他的哥哥臧贾，让他去向鲁国国君请求，为他们家族重新立一个继承人。因为臧纥逃亡国外，无法祭祀祖宗，总不能在异国他乡祭祀祖宗吧。当时，按照礼制，只有一个家族的继承人才有祭祀祖宗的资格。他怕祖先没有人祭祀，饿肚子，所以，就想请国君立哥哥为家族的继承人，这样，哥哥就可以在防地名正言顺地祭祀祖先了。为了办事顺利，臧纥还托那人给了臧贾一只大乌龟，让臧贾到国君那里去，请求立臧贾为家族继承人的时候，献给国君。

臧贾就派弟弟臧为去见鲁国国君，求国君立臧贾为臧氏家族的继承人。可是，臧为见到国君后，请求国君立他臧为为臧氏家族继承人，国君同意了。于是，臧为就当了臧氏家族的继承人。

当时，通信不发达，信息传播慢。在此期间，臧纥得不到消息，着急了，以为这事情搁浅了，就从邾地潜回鲁国，进入他家的封邑防，做好战争准备。然后，他派人送信给鲁国国君。信的大意是说，如果国君重新立臧氏家族的继承人，让臧氏祖先有人祭祀，他就退出防这个地方，到其他的地方去。

臧纥这个话是什么意思呢？如果国君同意他的要求，他就离开防这个地方。那么，如果国君不同意他的要求呢？他就据守防这个地方。防是他家的封地，他的老窝，他据守那里，想干什么？这不是明明白白的事情吗？因此，《论语·宪问》第 14 章中，孔子说："臧武仲凭借着防那块地盘请求鲁国国君为他的祖先在鲁国立后代，虽然说不是要挟国君，但我不相信。"

好在国君及时立臧为为继承人，尽管不是立的臧贾，但臧纥的要求得到了满足，所以，他就离开了防这个地方，到齐国去了。

管仲是仁者吗？

春秋时，齐国国君齐僖公有三个儿子，嫡长子诸儿被立为太子，还有两个儿子，是公子纠和公子小白。齐僖公三十三年（前 698 年），齐僖公去世，太子诸儿即位为国君，这就是齐襄公。

封建时代，国君的儿子周围往往有一帮党羽，他们的首要任务，就是设法帮助主子夺得国君之位。事情一旦成功，他们自然也可以获得高官厚禄，可是，一旦失败，后果也可能很严重。管仲和鲍叔牙是好朋友，都是识见和才能都出众的人物，但是，管仲在公子纠的阵营，鲍叔牙在公子小白的阵营。

齐襄公当了国君以后，荒淫无耻，胡作非为，竟然为了见不得人的私利，命人把来访的鲁国国君鲁桓公灌醉后杀了，而鲁桓公还是他的妹婿。他又对鲁国、卫国和郑国发动战争。齐国内外，危机四伏。公子纠一看形势不妙，就和管仲、召忽等党羽到鲁国去避难。公子纠的母亲，是鲁国国君的女儿，鲁国是公子纠的舅舅家。就常情而论，和在其他地方相比，在鲁国，公子纠可以得到更好的保护。公子小白呢，知道齐国不安全，就带了鲍叔牙等党羽，到邻近的诸侯国莒国避难。当时的莒国，就是现在山东省的莒县。

齐襄公十二年（前 686 年），齐国内乱，齐襄公被公孙无知等所杀，公孙无知自立为国君。次年，公孙无知又被人所杀。齐国处于混乱之中。

公子纠和公子小白，都认为大好机会来了，赶快准备回国事宜，以便夺取国君之位。如果公子纠当齐国国君，当然符合鲁国的利益，于是，鲁庄公也很积极，派兵护送公子纠回国。

正在这时，公子纠阵营得到情报，公子小白已经动身回国。管仲自告奋勇，亲自率领一支突击队先行，去公子小白从莒国回齐国的必经之路截杀，得到了公子纠的批准。管仲率领这支突击队，急速行军，埋伏在即墨的某个地方。

公子小白带着大队人马，果然从这里经过。管仲一声令下，突击队就对公子小白的人马实施猛烈袭击。管仲亲自突击，看准公子小白，一箭射去。公子小白应弦而倒，口吐鲜血。因为突击队兵力有限，如果对方反应过来，组织反击，突击队根本不是对手，因此，管仲见公子小白倒在地上，双目紧闭，口吐鲜血，料想已经活不成了，就没有仔细验看，赶紧率领突击队撤退。

可是，公子小白没死，甚至没有受伤。管仲那箭确实射中了他，但射在他的铜制衣带钩上。他知道对手的意图，急中生智，顺势倒地，并且咬破舌尖，装出口吐鲜血的样子，迷惑对手。

公子小白与鲍叔牙他们知道轻重缓急，见敌方在力量处于劣势的情况下撤退，也不追赶，而是全速向齐国首都临淄前进。他们到达临淄城下，鲍叔牙先潜入城内，成功劝说齐国重要贵族和官员支持公子小白即国君之位。然后，公子小白进了城，顺利地成为齐国国君，这就是后来赫赫有名的霸主齐桓公。

在小白夺取国君之位的过程中，鲍叔牙起了关键的作用，而且，鲍叔牙也确实有本事，因此，齐桓公就任命他为宰相。但鲍叔牙认为，他的本事远远不如管仲，如果齐桓公想大有作为，一定要请管仲担任宰相。

再说公子纠一行以为公子小白已死，齐国国君一定是属于公子纠的了，所以从容淡定地回国。可是，他们进入齐国后却发现，公子小白已经成为齐国国君！鲁庄公得到这个消息后，派兵进攻齐国，企图以武力为公子纠夺取国君之位。小白在齐国重要贵族和官员的支持下，组织军队抵御鲁军。鲁军大败撤退，公子纠一行随鲁军回到鲁国。齐军乘胜追击，进入鲁国。小白写信给鲁庄公，让他杀了公子纠，交出管仲和召忽，否则齐军将继续进攻。

鲁庄公和鲁国官员们商量对策。大夫施伯认为，齐国要管仲，不是为了惩罚他，而是要重用管仲。如果管仲被齐国重用，齐国必定富强，这对鲁国是不利的，因此，他建议杀了管仲，把管仲的尸体交给齐国。鲍叔牙则坚称因为管仲射伤了齐桓公，齐桓公恨管仲入骨，一定要杀管仲以报一箭之仇。鲁庄公没有了主意，就命人杀了公子纠。召忽见大势已去，公子纠被杀，就自杀殉主。鲁国当局逮捕了管仲，把他送往齐国。齐国这才从鲁国撤军。

管仲尽管不知道内幕，但他很清楚，准是鲍叔牙向齐桓公推荐了自己，不让鲁国杀他，是要重用他。因此，他在回齐国的途中，就催促押解他的人迅速赶路，因为在到齐桓公管辖地之前，他还是不安全的。

齐桓公采纳了鲍叔牙的建议，选了大吉大利的日子，以隆重的礼节迎接管仲。经过交流，双方非常契合，齐桓公就任命管仲为他的宰相。

管仲担任齐桓公的宰相近 40 年，一直到去世。在他担任宰相期间，齐桓公对他言听计从，常见的君、相之间的矛盾，在他们之间从未出现。管仲在齐国大刀阔斧地进行政治、经济、军事、社会等方面的改革，很大程度地削弱了贵族、部落对各种资源和人的控制，加强了政府的统治，也给个体的发展带来了更多更好的机遇。齐国迅速强大，齐桓公成了著名的霸主。

管仲的功劳，还惠及其他的诸侯国。当时，周王朝小朝廷已经名存实亡，各诸侯国之间经常发生战争，这就是所谓"春秋无义战"。百姓深受战争之苦。在管仲的具体组织下，齐桓公多次以霸主身份召集诸侯国开会，制定大家应该遵守的规矩，在相应的地区重建社会、政治、经济等方面的秩序，有效地避免了许多战争。这是管仲的大功劳。

《论语·宪问》第 17 章中记载，某次，子路说："齐桓公杀公子纠，召忽为公子纠而死，管仲却没有死。"因此，他问孔子道："老师，管仲没有做到仁吗？"孔子说："齐桓公不通过军事行动，多次会合诸侯，解决诸侯国之间的矛盾，都是管仲的力量。谁及得上他的仁呢！谁及得上他的仁呢！"

子贡也问孔子说："老师，管仲不是仁者吗？齐桓公杀公子纠，他不能为公子纠而死，又当齐国宰相辅佐齐桓公。"孔子说："管仲辅佐齐桓公，称霸于诸侯，一正天下，直到今天，百姓仍然受他所赐的恩惠。没有管仲，我们大概一副蛮夷装束了。难道要像没有知识的小百姓那样讲究细小的信用，自缢在河沟中而无人知晓吗？"

宋代朱熹等理学家认为，公子小白是哥哥，公子纠是弟弟，按照当时国君等贵族继承的顺序，本来就应该是公子小白当国君，公子纠不应该和哥哥争夺。管仲、召忽等辅佐公子纠，和公子小白争国君之位，是错误的。公子纠死后，管仲像召忽那样自杀，当然不错，但辅佐齐桓公以改正错误，也是可以的，因此，孔子赞扬管仲的功劳。公子纠和小白两个人，谁是哥哥，谁是弟弟，后来的学术界有争议，但都没有过硬的证据。有人认为，在先秦天子、国君等贵族的继承方面，嫡长子有优先权，但是，其余的儿子机会均等。

在君主即位问题上，如果被选择的人都是成年人，那么，选择的标准，只能是合适与否。以长幼来作为标准，是荒谬的。就公子纠和小白而言，我们无法知道他们的治国理念和方针政策，但是，就我们可知的信息而言，小白无疑比公子纠更为合适。

首先，小白的眼光和能力，一开始就远远胜过公子纠。在选择避难地方时，公子纠选择的是鲁国，理由是那是舅舅家，安全，但最后证明，那里是不安全的。小白选择的是莒国，因为那里离齐国的首都临淄不远，既安全，又利于掌握齐国国内的情况，必要时可以尽快回到临淄。

其次，小白的机智，特别是大度、择善而从、善于用人这些优秀领导者必备的素质，和公子纠相比，优势更加明显。再者，尽管鲁国和齐国公室经常通婚，但是，两个诸侯国之间的矛盾颇为严重，如果公子纠成了齐国国君，难保鲁国不干预齐国内政，这对齐国来说，未必是好事。因此，管仲选择辅佐齐桓公，并没有错，后来的结果，也证明了这一点。

《孟子·尽心上》说："天下有道，以道殉身；天下无道，以身殉道。未闻以道殉乎人者也。"公子纠即使是国君，也不值得召忽、管仲等为他自杀，何况，他不是国君，仅仅是一个政治集团的头目而已。《孟子·离娄下》说："可以死，可以无死，死，伤勇。"这就是说，在可以死、也可以不死的情况下，如果选择了死，就称不上勇敢了。

明清文人的著作中，有不少表彰为国君、父母、丈夫、未婚夫自杀的人的诗文，这些作者，都没有读懂《论语》和《孟子》，他们信奉的理念，已经到荒谬的程度了。孔子和孟子都懂得生命的价值，他们提倡珍爱生命，积极努力以实现生命的价值。

卫灵公 "无道" 吗？

《论语·宪问》第 19 章中，有 "子言卫灵公之无道也" 之说。"无道"，对一个国君来说，这是很重的否定评价。孔子有 "圣人" 之称，他对卫灵公又比较熟悉，这样的评价应该是有充分根据的吧？"灵" 是谥号，历史上得到这个谥号的君主，都是生前喜欢胡作非为的。

卫灵公也喜欢胡作非为吗？《史记》等可靠的史书上，明确的记载有一些，但是不多。例如，他好色，宠爱夫人南子，放纵南子，由此导致卫国的灾难，这是肯定的，《论语》中也有记载。还有，他的儿子蒯聩、孙子辄，女儿伯姬，在卫灵公身后的多年中，把卫国折腾得一塌糊涂。可见，在教育子女方面，他是失败的。于是，"无道" 似乎就成了对卫灵公的确定评价。

可是，卫灵公当卫国国君，竟然当了四十多年。看看历史上，无道国君不少，但是，没有几年，就会垮台。最多当上三年五年无道国君，也差不多会完结了。如果能够当十年八年，那就是奇迹了。哪里有当四十几年无道国君的？可是，这确确实实是历史事实。他创造的这项世界纪录，后来至少在国内，没有人打破过。

考虑到卫灵公是幼年当上国君的，他即位后的十几年，是别人帮他在打理国政，那么，其他的二三十年，总是他自己在干了吧？一个无道国君治国，能够维持二三十年，这总是值得关注的。更何况，自从卫灵公十六年以后，卫国政治一直比较稳定，社会安宁，卫国在诸侯国之中的声誉也不错，比起其他诸侯国来，明显要好不少。这似乎就不可思议了。

因此，孔子说卫灵公无道，大概还讲了他种种无道言行以后，季康子就想不明白了，问孔子："假如卫灵公确实像您说的那样无道，那么，他的政权为什么不垮台呢？"其实，这也是我们想问的问题。

孔子回答说："仲叔圉治宾客，祝鮀治宗庙，王孙贾治军旅。夫如是，奚其丧？"仲叔圉，即孔圉，又称孔文子，是卫灵公的女婿，伯姬的丈夫。孔子赞扬他"敏而好学，不耻下问"，属于优秀的人才，他长期负责卫国的外交事务。祝鮀，一作祝佗，字子鱼。他善于言辞，学问广博，办事认真，思维活跃，在卫国长期当太祝，负责祭祀等文化事务。王孙贾也是优秀人才，曾经在外交场合维护了卫国的尊严，军事方面，也是一把好手。一个诸侯国，这样三个重要的职能部门，分别有这样三个优秀人才在主持，当然就不会轻易地垮台了。

当然，如果只有这三个人，还是不够的。实际上，在人才的发现和使用方面，卫灵公做得非常好。《左传·襄公二十九年》记载，吴公子季札"适卫，说蘧瑗（Qúyuàn）、史狗、史鳅（qiū）、公子荆、公叔发、公子朝，曰：'卫多君子，未有患也。'"这些人如果不被发掘出来加以使用，季札如何见得到？

有一次，鲁哀公问孔子："当今之时，君子谁贤？"

　　孔子回答："卫灵公。"

　　鲁哀公道："我听说，卫灵公家里，不讲辈分，不讲长幼。"孔子道："我没有看他家里怎么样，我是看他的朝廷上怎么样。"于是，孔子列举了不少例证：

　　卫灵公的弟弟公子渠牟，其智足以治千乘之国，也就是当时中等规模的诸侯国，其信足以保持这样一个诸侯国的太平无事。卫国有一个叫林国的士人，他善于推荐优秀人才，甚至不惜把他自己的俸禄分给那些人才，因此在卫灵公当国君的时候，卫国没有流散在体制外的优秀人才。卫灵公对林国非常尊敬。又有个叫庆足的士人，卫国有大事，他必定主动出来服务，但在没有什么大事的时候，他就主动让贤。卫灵公对他非常敬重。大夫史鳅，某次卫灵公有了失误，他谏了几次不听，就离开了卫国。灵公知道后，在都城的郊区住了三天，拒绝一切娱乐活动。等史鳅回来后，他才回到都城宫中。

　　卫灵公能得贤才而用之，并使贤才各尽其所长，因此国家机器赖以正常运转，而国家免于因国君无道而亡。灵公尊贤重才，未失用人之道，则他并非完全无道。若是他完全无道，怎么还会有这样的用人之道！他身为国君，吃喝玩乐好色轻礼而被孔子等评价为"无道"，但卫国仍然能够在他统治下太平几十年，奥妙就在于此。

　　儒家非常重视领导者发现人才、合理地使用人才的能力。相传介子推十五岁的时候就当了楚国的宰相，孔子知道后，派人去了解，看看有什么特别的地方。去的人回来报告，说介子推廊下有二十五俊士，堂上有二十五老人。孔子听了之后说，把二十五个人的智慧集中起来，把二十五个人的能力组合起来，治理天下也完全可以，别说个把诸侯国了。

这当然是传说，介子推和孔子不是生活在同一个历史时期的人，但是，这个传说所蕴含的关于社会治理要依靠人才的道理，应该是正确的。

陈成子弑简公

　　《论语·宪问》第 21 章中记载，齐国大夫陈恒杀了国君齐简公。消息传到鲁国，孔子沐浴后去朝见鲁哀公，禀告哀公说："陈恒杀了他的国君，请国君发兵讨伐。"哀公道："告诉季孙、孟孙、叔孙三大夫。"因为，当时鲁国实权掌握在他们三人手里，鲁哀公做不了主。孔子说："因为我在大夫之列，不敢不把我的意见禀告国君。国君说禀告那三人，我就按照国君说的做。"孔子到季氏等三大夫那里禀告自己的意见，他们不同意。孔子说："因为我在大夫之列，不敢不将我的意见来禀告。"

　　陈恒弑君，是怎么回事呢？

　　陈成子，名恒，田氏家族出于陈国，所以，也叫田恒。汉朝以后，为了避汉文帝刘恒名讳，"恒"改作"常"，其谥号为成子。古籍上也作田成子、田常等，是春秋时齐国的大夫。

　　齐景公临终，立他所宠爱的小儿子公子荼为太子。他去世后，公子荼即位为齐国国君，这就是晏孺子。齐景公的其他的儿子怕遭到不测，都逃到别的诸侯国去了。其中公子阳生逃到了鲁国。次年，大夫田乞和鲍牧派人把阳生从鲁国秘密接回齐国，立其为君，这就是齐悼公。晏孺子被杀。田乞为宰相，掌握齐国实权。田乞去世，其子陈恒代立。

鲍牧因为和齐悼公有矛盾，把齐悼公杀了。齐人就立齐悼公的儿子公子壬为国君，这就是齐简公。

有个叫监止的官员，齐悼公、齐简公父子在鲁国流亡的时候，他就在左右听候差遣，并且受到宠爱。齐简公当了国君后，陈恒和监止就当了左右宰相。监止很能干，更是深得齐简公的信任。陈恒对他颇为忌惮，但一时又无法胜过他。

于是，陈恒就采用他父亲田乞用的老办法：借粮食给百姓，大斗出，小斗进，以此收买人心。这一招果然效果很好。齐人有歌谣："妪乎采芑，归乎田氏。"意思是说，齐国的政权，将为田氏所有了。

齐简公四年，大夫御鞅建议简公："陈恒和监止两个，不能并列，国君应该选择其中一个了。"简公不听。某日，监止上晚朝，进宫路上遇到一起杀人案。他就命人逮捕了凶犯，关在监狱里。这个凶犯是田氏家族的人，叫田逆。田氏家族知道了，就让田逆在监狱中装病。田氏家族派人探望，把看守灌醉后杀了，把田逆救了出来。

田氏家族有个叫田豹的人，在监止家里当家臣，深得监止的信任。一天，监止对田豹说："我要把田氏家族的那些活跃分子全部驱逐，立你为田氏家族的继承人，你看如何？"田豹说："我是田氏家族的，但是，我和他们的血缘关系比较远了，当继承人不合适。再说，田氏家族中，敢不服从您的，也就是几个人而已，没有必要在意他们。"

田豹回到田氏家族，对陈恒等人说："监止就要对我们家族下手了。先下手为强，后下手遭殃。我们如果不先下手，恐怕不免遭大祸。"

这年五月的某夜，监止值班，住在国君宫中。陈恒等田家兄弟四人，乘车去宫中，想杀监止。

监止听到手下禀报，说陈恒大人来了，就出来迎接，但一看陈恒等都拿着武器奔过来，知道不妙，赶快进屋，把门关起来，从一个小门跑了。负责警卫的太监和陈恒等格斗，几乎都被杀死了。

这时，齐简公正和几个女子在一起喝酒，听到动静，操起家伙就要出来拼杀。太史子余急忙阻拦，说："他们要对付的，不是国君您！再说，那些太监都没有拦住，您行吗？"齐简公想想不错，就放下了武器，但大声怒骂。

陈恒见监止跑了，没有达到目的，他知道监止不是善罢甘休的人，又听得国君在那里大骂，不禁害怕起来。如果国君和监止联手追究，田氏家族就大祸临头了。所以，他准备出逃到其他的诸侯国去。

就在这时，田逆制止道："犹豫不决，会坏大事的！你今天想出逃，我为了我们田氏家族，先杀了你！"陈恒这才放弃了出逃。

这时，田氏家族的其他很多男丁，以及他们的随从等，都加入到陈恒等的政变行列，进入国君的宫中。

监止逃出宫中，组织力量进攻在宫中的田氏家族的武装，但失败了。监止一看不妙，就出逃了。但他还没有逃出齐国，就被抓住，送给田氏家族武装，既而被杀了。

齐简公逃到徐州，陈恒追到那里，把他擒了。齐简公哀叹道："我如果早听御鞅的话，何至于今日？"陈恒就把他杀了，立他的弟弟骜为齐国国君，这就是齐平公。陈恒自己当宰相，齐国的实权全部掌握在他手里。田氏家族的封地扩大了很多。

　　齐鲁是紧邻。齐国发生弑君大事,弑君者为乱臣贼子,人人得而讨之。对鲁国而言,从道义上说,他们应该讨伐陈恒。从实力上说,齐国经过多年折腾,力量大减,陈恒也来不及整合齐国的力量,因此,鲁国如果讨伐陈恒,也不会输给陈恒的。那么,为什么季孙氏等"三桓"不愿意讨伐陈恒呢? 因为此时鲁国的政权在这三家强臣手中。这三强臣素有无君之心,与齐之陈氏家族声势相倚,实为同类。

　　鲁哀公知道三家必不同意讨陈氏,又无法自行其志,因此也无可奈何,只是用"告夫三子"来回答孔子的请求。孔子于是告诉三子。并非孔子不知道三子必不同意讨伐陈氏,孔子之所以禀告,一是奉君命,二是因为大夫当谋国事,成不成则在其次也,三也是以此向三家表明自己的政治态度。

如何为国君服务？

《论语·宪问》第 22 章中，子路问如何服务于国君。孔子说："勿欺也，而犯之。"意思是说："不要侵犯国君的利益，但要犯颜谏诤。"

"欺"乃设法谋取国君的利益为己有，"犯"乃触君主之怒，损君主之威。二者有时表现为相类似的行为。在有些情况下，"欺"与"犯"是一致的，那些专横跋扈的权臣奸臣，都是既欺且犯。但在有些情况下，"犯"与"欺"并不一致。例如，为了国君的利益，犯颜直谏君主，不惧触君主之怒、不惜损君主之威，而置个人利益于不顾，这种"犯"，与"欺"相比，性质完全相反。

子路向孔子请教事君之要，孔子先告诉他"勿欺"，再告诉他"犯之"，这有两个原因。一是事君首在勿欺，即有所犯，当在"勿欺"的前提下"犯之"。"勿欺"及"勿欺，而犯之"，皆忠也。二是事君敢于犯颜直谏，就子路的秉性而论，这对他来说并非难事，要比"勿欺"容易得多。孔子将"勿欺"置于前，似有强调之意。

下面一个故事，就诠释了什么是"勿欺也，而犯之"。

故事发生在齐国，著名宰相晏婴去世后的第十七年的一天。齐景公和众官员一起，一边射箭，一边喝酒。

　　齐景公每射一箭，众官员都异口同声地叫好，即使他射得很不好，也是如此。

　　齐景公一脸严肃，长叹一声，抛开弓箭。这时，一个叫弦章的官员到了。

　　齐景公对弦章说："弦章啊，晏婴去世十七年来，我从来没有听到别人说我有不对的地方。今天我射箭，即使射脱了靶，官员们仍然一片叫好。"

　　弦章道："这是臣下们不肖。他们的智慧不足以知道您的高明，他们的勇气不足以冒犯您的威严。不过，有一点，我还是要说。我听说，君主喜欢穿什么衣服，臣下一定会给什么衣服；君主喜欢吃什么食物，臣下一定会给什么食物。蚯蚓长期吃黄土后，身体就变黄；长期吃青土后，身体就变青。您自己是不是太喜欢听奉承话，而不喜欢听批评话了？"

　　齐景公听了，激动地说："你说得对啊！你是君主，我是你的臣下，对你的批评，我心悦诚服。"

　　当时，正好有沿海居民运来海鱼，齐景公就赏给弦章五十车海鱼，并且和弦章同乘一辆车，准备亲自把这些海鱼送到弦章家。

　　五十辆装满海鱼的车一上路，一时把路都堵塞了。齐景公和弦章的车走在前面。弦章拍打着驾车人的手，示意他停车。他转头对齐景公说："刚才您射箭，那些齐声叫好的官员都想得到您的海鱼。过去晏婴谏诤，对所有的赏赐都是推辞的，正因为如此，君主的过失才会得到及时的纠正。今天官员们谄媚您，都是为了获得好处而已，所以，即使您射箭脱靶，他们也要争先恐后赞美。今天我才给您提了一个建议，却得到您这么多海鱼的赏赐，这是和晏婴的谏诤之道背道而驰了。我给您提建议，是尽作为臣下的责任，而不是以此从您这里谋取好处。因此，这些海鱼，即使运到我家里，我也是不能接受的。否则，我和那些谄媚您的官员就没有什么区别了。"

齐景公只得接受了弦章的意见。

孔子在卫国的故事

《论语》中提到的次数最多的国君，可能是卫灵公了。孔子周游列国，在卫国待的时间比较长，和卫灵公接触较多，在卫国的故事也不少。

卫灵公是个昏君，喜欢胡作非为，《庄子》等书中就记载了他荒淫无耻的故事。他所宠爱的夫人南子非常漂亮，美得出名，还很好色。她是宋国的公主，却和宋国的一个公子不清不楚。这公子名叫朝，古书上常常叫他"公子朝"，是著名的美男子。南子嫁给卫灵公以后，竟然还同公子朝来往。令人奇怪的是，卫灵公不但不阻止南子和公子朝来往，而且至少在客观上，还给他们创造来往的机会，例如，由他出面，请公子朝到卫国的洮地，让南子到那里和公子朝相见。

南子显然知道孔子的大名，很想见孔子，就派人转告孔子："别的诸侯国的大人先生，经过卫国都城，凡是想和我们国君建立友谊的，必定来会见我，我也非常乐意会见他们的。"这话讲得很委婉，但意图很明白，就是希望孔子去见她。但是，当时的礼，没有士大夫见别的诸侯国的国君夫人的规定。如果孔子见了南子，那就违反礼了。这样的事情，孔子当然不愿意干。但南子坚持邀请，孔子没有办法，只好去见她。

会见孔子的时候，南子在帷帐中。孔子进门后，面朝北，向南子行"稽首"之礼。所谓"稽首"，就是两手十指相扣，打躬弯腰，两手到地，头顶到手掌，是比较重的礼。南子在帷帐中，拜了两拜，作为还礼。她拜的时候，孔子听到叮叮当当的声音从帷帐中传出，那显然是南子身上的玉佩相互撞击的声音，可见，南子向孔子行礼，还是比较到位的，不是敷衍了事。至于他们讲了些什么，古书没有可靠的记载。

《论语·雍也》第 28 章中记载，南子名声不好，孔子违礼见了她，有伤盛德，子路不高兴了。孔子就发誓说："予所否者，天厌之！天厌之！"意思是说："如果我这样做是不应该的，天弃绝我！天弃绝我！"

孔子见南子，几千年来，一直是一大公案。有人以为不当，有人以为不当然而替孔子辩解，有人则以为并无不当。现代有《子见南子》的戏剧讽刺孔子，也认为孔子见南子不当。《史记·孔子世家》描写孔子见南子事非常详细，并说按礼孔子不当见南子，孔子见之乃不得已，见的时候，以礼对答，并无违礼处。也就是说，按礼不当见，但见的过程中双方都是按照礼的。

某次，卫灵公和孔子出游。孔子心想：自己来给卫灵公讲治国之道，卫灵公似乎也很赞赏，言辞之中，态度也很恭敬。一起出游，卫灵公一定会让自己和他乘坐同一辆车，来表达他对自己的尊敬。可是，卫灵公并没有这样做，而是同他所宠爱的夫人南子乘坐同一辆车，宦者雍渠参乘。他让孔子乘坐别的车，由孔子的随从颜刻驾驶，跟在后面。孔子看着卫灵公夫妇乘坐同一辆车招摇过市，感叹道："吾未见好德如好色者也！"这见《论语·卫灵公》第 13 章中的记载。

好德是人的社会性，好色是人的动物性。社会性是后天习得的，动物性是先天遗传的。社会性的自觉超过动物性的自觉，是只有修养很高深的人，才能做到的。既然社会性的自觉无法胜过动物性的自觉，那么动物性岂不要跑出来泛滥成灾了？那怎么办呢？当然是加强外在的约束力。种种礼法，种种监督等，就是这样的外在的约束力。

孔子和卫灵公频繁接触，卫灵公对孔子很尊敬，招待也不错，孔子为了加强和卫灵公的友好关系，还不惜违礼，屈尊去见了南子。可是，卫灵公仍没有给孔子一官半职。这些，都落在卫国的一个实权派人物王孙贾的眼睛里。

《论语·八佾》第 13 章中记载，有一天，王孙贾装作向孔子请教，问道："与其媚于奥，宁媚于灶。请问，这话是什么意思？"孔子说："不是这样的。尊敬奥，这是天理。违背天理，就是获罪于天。获罪于天，导致祸患，去向谁祷告呢？"

孔子周游列国，说白了，就是寻找一个合适的官位，来实践他的学说。那么，谁能给这样的官位呢？当时，卫国的实权大部分掌握在大夫王孙贾手里。王孙贾看孔子不怎么把他当回事，就对孔子说了那两句话，来提醒他。

奥是一个房间的西南角落，那是尊长所居的方位，也是祭神的时候放神位的地方。在民间信仰中，灶神是家庭的保护神和监察神，能够保佑家人，也能够惩罚家人，能降福，也能降祸。奥仅仅是个尊贵的位子而已，无法给人祸福；灶神是神，能够给人祸福的。因此，民间有"与其取媚于奥，不如取媚于灶"的说法。

这样的道理，王孙贾不是不懂，而是非常清楚。他为什么要向孔子问这些话呢？他是在提醒孔子：卫国国君，那是个尊贵的虚位而已，没有实权的，不能给你什么好处。你老人家总是往他那里跑，向他献殷勤，只是白忙一场而已。卫国的实权掌握在我手里。你与其献媚于我们那位无用的国君，不如来走走我的门路。我能够给你好处，也能让你不那么方便。威胁利诱，很是明显。

孔子这样绝顶聪明的人，怎么会不知道王孙贾这些话的真实意思？但是，他不说破，而是接着他奥啊灶啊的话题说，表明自己的态度："不然，获罪于天，无所祷也。"尊奥是天理，不尊奥而尊灶，违背天理的。得罪了天，受到惩罚的时候，祷告也来不及呢！意思是说，尊君是天理使然，也是礼使然，应该的。我不能够违背理、违背礼，不尊君而尊你。否则，会有祸患的。

一天，卫灵公问孔子："有人对我说，在殿堂里，凡事谨慎周密，可以治理好国家。是这样吗？"孔子说："是这样。爱别人的人，别人也爱他；憎恶别人的人，别人也憎恶他；知道通过自己的思考来了解社会的人，也会以换位思考等方式了解别人。如果能够这样做，那么，并不需要任何事情都亲力亲为，就可以了解整个社会的大致情况，进而不断改进社会治理，把国家治理好。"

卫国就在晋国的旁边。晋国强大，卫国弱小。晋国多次欺负卫国，甚至侵占了卫国不少地方。孔子在卫国期间，晋国掌握实权的人物赵简子，计划以突然袭击的方式进犯卫国。他决定派一个叫史黯的部下，进入卫国侦察。

赵简子向史黯布置完这个任务，问史黯，完成这个任务要多长时间。史黯说，包括往返，要一个月又六天。赵简子问："怎么你要这么长时间？能不能快一点。"史黯说："谋利而得害，原因大多在于不明情况。现在的卫国，蘧伯玉为宰相，史鳅为辅佐，孔子为客，孔子的学生子贡等，也在卫国国君左右当差。您看，卫国国君周围，了不起的人才有很多。您要对卫国实施袭击，派我去侦察，我能不仔仔细细地把各方面的情况查清楚吗？我说的一个月又六天，是最短的时间了，不可能再短了。"

赵简子听了史黯这样说，经过慎重的思考，最终放弃了袭击卫国的计划。

《论语·卫灵公》第1章中记载，卫灵公向孔子请教军事方面的问题。孔子回答说："俎豆之事，则尝闻之矣；军旅之事，未之学也。"意思是说："礼仪方面的事，我倒是曾经听说过的；军旅方面的事，我没有学习过。"次日，孔子就动身，离开了卫国。

卫灵公问战阵之事，可知他有志于战伐，有军事扩张的野心。孔子认为，当时卫国无道，此时要务，当行礼义，行仁政，为政以德，使国家归于有道。如果动刀动枪，会给国家招致灾难，因此，孔子以不通军旅之事而通"俎豆之事"也就是礼制文化等社会治理之道，暗示卫灵公如此。卫灵公身为国君，对卫国所当行的国政和所当忌的国政，竟都浑然不知，反而颠倒思之，将最忌的事情当作应当做的事情来准备，经孔子暗示而仍不觉悟。于是孔子明白了，在卫灵公这里，没有政治上发展的希望，所以第二天就离开了。

流行语有这样的说法："不怕对手强似牛，只怕遇到猪队友！"如果在卫灵公手下干，他可不是"猪队友"，而是"猪队长"！怪不得孔子要离开了。不过，后来，孔子和他的学生等随从又到过卫国。

卫灵公的夫人南子所好，不仅是色，她还好其他利益。因为争夺利益，她和卫国太子蒯聩之间产生了矛盾。矛盾不断升级，竟然到了蒯聩要杀南子的地步。

卫灵公三十九年（前496年），蒯聩和他的家臣戏阳速商量，计划在朝见南子的时候，由戏阳速动手，杀死南子。接下来的事情，由蒯聩来处理。

可是，真的到了他们朝见南子的时候，戏阳速临场反悔，迟迟不肯动手，蒯聩频频暗示催促，戏阳速还是没有行动。南子也不是笨蛋，她鉴貌辨色，发觉了蒯聩他们的阴谋，迅速撤离到安全的地方。蒯聩见功亏一篑，知道留在卫国很危险，就逃亡宋国，后来又投奔晋国大夫赵氏家族。卫灵公大怒，将蒯聩党羽全部赶出卫国。

卫灵公四十二年（前493年）春，灵公想立小儿子郢为太子。公子郢知道这个太子不好当，就坚决推辞。就在这年夏天，当了42年无道国君的卫灵公去世了。灵公夫人让公子郢听从灵公的遗愿即国君之位，公子郢不肯，推荐太子蒯聩之子姬辄继承卫灵公的国君之位。于是，姬辄即位，这就是卫出公。

那个时候，信息传播和交通都不发达。蒯聩在晋国，得到了卫国国内卫灵公去世、姬辄即位的消息。六月，晋国赵氏家族首脑赵简子把蒯聩送到戚地，也就是现在的河南省濮阳市华龙区，那里本来属于卫国，后来被晋国侵占了。阳虎让蒯聩按照父亲去世的礼节丧服打扮。另外派八个人，都是一身重孝，装作从卫国而来，到戚地迎接太子蒯聩的样子，哭哭啼啼，进入戚地，似乎是来迎接太子回卫国治丧并且即国君之位。他们都在戚地住下。其实，这些都是赵简子的安排。

然后，阳虎率领一支规模不大的武装部队，护送蒯聩返回卫国，让蒯聩当卫国的国君——他本来就是卫灵公所立的太子，他出逃后，卫灵公没有另立太子，也没有废黜他的太子资格。

可是，蒯聩的儿子辄已经当了卫国的国君了。他知道父亲回国，是来抢他的国君之位的，但他实在不想把国君之位让给他的父亲，就联合卫国的其他贵族和实力派，发兵攻击蒯聩和护送他的军队。

《论语·述而》第 15 章中记载，当时，孔子和他的学生等随从们正好在卫国。他们在卫国是客人。人家老子和儿子争国君之位，应该和他们没有关系。可是，考虑到孔子的声望和影响，他的态度对卫国人而言，也是很重要的。何况，孔子及其学说，政治性是很强的。孔子的学生，自然要讨论这件大事。冉有说："老先生会帮现在的卫君吗？"子贡说："好，我来问他。"说着，子贡入见孔子，问："老师，伯夷和叔齐是什么样的人？"孔子回答说："他们是古代的贤人。"子贡问："他们怨恨吗？"孔子说："求仁而得仁，又有何怨？"子贡出来后，对冉有等同学说："老先生不帮现在的卫君。"

子贡长于言辞，他想知道孔子站在哪一边，却不直截了当地问，而用伯夷、叔齐来问。伯夷、叔齐是商朝孤竹国国君的儿子，他们都坚持把国君之位让给兄弟，自己宁可过清贫的生活。孔子以伯夷、叔齐为贤人，说他们让国君之位而成就孝义，无怨无悔。子贡由此知孔子不会站在辄一边——尽管当时辄当着卫国国君，孔子他们如果站在他一边，也许可以得到很多好处。辄为了保住国君之位而发兵拒父，与伯夷、叔齐的让国求仁等行为截然相反，孔子既然赞扬伯夷叔齐，那么，当然不会站在辄的一边。

蒯聩一方的力量薄弱，打不过辄一方的军队，所以，他们无法前进，只好退出了。辄继续当卫国的国君，蒯聩继续在外面流亡。

孔子在陈绝粮

　　孔子和他的弟子等随从周游列国，费用也是一个不小的数目。尽管达官贵人乃至诸侯国的国君应该会给他们一些资助，他们可能还有一些来自其他渠道的经费，但是，无论如何，在整个周游列国的过程中，他们的经费肯定不是任何时候都充足的。当时，交通、通讯、市场等都很不发达，战乱频繁。因此，他们在旅途中遇到艰辛乃至危险，是常有的事。《史记》中形容他们"累累若丧家之狗"，是对他们的生动描绘。

　　在陈、蔡之间，孔子一行又遭遇了一次较为严重的危机。《论语·卫灵公》第 2 章中，就有孔子一行"在陈绝粮"的记载。

　　孔子一行离开卫国后，去了蔡国，在那里住了三年。吴国讨伐陈国，楚国出于自己的利益，和吴国争霸，就出兵救助陈国。楚军驻扎在一个叫城父的地方。楚军的将领听说孔子就在陈、蔡之间，就派使者去问候孔子，并且邀请孔子一行到楚国去。

　　孔子热情接待了楚国的使者，并且按照礼节，准备到楚军中答拜。

　　陈国和蔡国的士大夫知道了这个消息，议论道："孔子是贤者，他谈论政治问题、社会问题和文化问题等，都切中诸侯国的毛病。

他长期在陈、蔡之间，熟悉陈、蔡两国的情况。陈、蔡两国的士大夫，所作所为显然都不入他老先生的法眼。楚国是大国，也是强国，现在，他们要请孔子到他们国家去。如果孔子去了楚国，得到楚国的重用，这对陈国、蔡国，肯定都不是好事，特别是当官的士大夫，就会处于危险之中。"他们要采取切实的措施，制止孔子到楚国去。

于是，陈国和蔡国就不约而同地派武装人员，各在自己国家的一边，包围了正在行进中的孔子一行。

就这样，孔子一行被包围在野地里，进不得，退不得。随身带的粮食很快吃光了，前不着村，后不着店。粮食没有了，他们只能吃没有掺粮食的野菜。

子贡从他的物品中选择了一些体积小、价值高且容易携带的，由他和其他的两三个人分别携带。他们设法穿过陈、蔡武装人员的包围，到附近的村庄，用这些物品，向农民换取粮食。经过讨价还价最后成交，他们总共换得的，也就是几十斤粮食而已。然后，他

们再一次秘密经过陈、蔡武装人员的防线，返回驻地。大家见到粮食，很高兴。

颜回和仲由，就在一个被废弃的土屋中做饭。饭熟了，颜回开锅子搅拌的时候，正好一片烂叶子被风吹到饭锅里，和饭粘在一起。颜回见了，就用手把那烂叶子取出来，准备扔掉。但是，他看到这烂叶子上粘了几颗饭粒，他舍不得这几颗饭粒，就放到嘴边，把这几颗饭粒吃了，再把那烂叶子扔掉。

子贡在不远处的一口井旁边看见了这一幕，心里很不高兴，以为颜回在偷吃饭，于是，他就去见孔子。

见到孔子，子贡问道："仁人廉士，在艰苦的环境中，也会改变他的节操吗？"

孔子说："仁人廉士，在艰苦的环境中，如果改变了他的节操，那就不是仁人廉士了。"

子贡又问："像颜回那样优秀的人，即使在艰苦的环境中，他也不会改变节操吗？"

孔子说："我想是的。"

子贡就把他刚才看到的一幕告诉了孔子，也说了自己的怀疑。

孔子说："以我对颜回的了解，他的道德品质一向很好，现在尽管挨饿，他还不至于如此。其中或者有别的原因。你不必多说，我会设法问他。"

子贡走后，孔子命人把颜回叫来，问道："颜回，饭做好了吗？"

颜回回答："先生，做好了。"

孔子道："昨天夜里，我梦见我已经去世多年的父亲，或许，他是在冥冥之中保佑我，在梦中宽慰我。因此，我今天要祭祀他。你盛些饭来，我要祭祀父亲。"

颜回赶忙回答："先生，这饭不能用来祭祀了。刚才有一片烂叶子掉到饭里，如果不取出来，一锅饭就不干净了。于是，我就把那烂叶子取出来，刚要扔掉，才发现上面粘了几颗饭粒。因为扔掉可惜，我舍不得，就把那几颗饭粒吃了，然后再把那烂叶子扔掉。尽管只有几颗饭粒，但我毕竟先吃了，因此，那锅饭就不能用作祭品了。"

孔子听了，就说："是这样啊！那么，就改日再行祭祀吧。你去准备开饭吧。"

颜回走后，孔子命人把子贡叫来，告诉子贡事情的真相。子贡钦佩颜回的德行，也很佩服孔子的知人之明。

孔子一行有那么多人，几十斤粮食很快就吃完了。再次突围去换粮食显然很困难。他们只能挖野菜充饥，但野菜也很难挖到了。可是，包围他们的武装人员不仅没有撤除，而且围困得更加严密了：他们知道了子贡等穿过包围圈换粮食的事情。

没有了吃的，随从们饿得虚弱，没有人能站起来。可是，孔子仍然给弟子们讲学，仍然带领弟子们弹琴唱歌。

毕竟，学说也好，弹琴唱歌也罢，都无法代替食物。子路来见孔子，满面怒色，说："我们为什么会到这样的地步呢？"

孔子说："你认为呢？是不是我的学说有问题？"

子路说："您的学说应该没有问题。俗话说，为善者，天报之以福；为不善者，天报之以害。先生修身养性，积德累仁，为善很久了。可是，现在怎么会遇到这样的危机呢？想来是您的仁爱不够，或者是您的智慧还不够，或者是您在其他道德方面有不足，所以会遇到这样的危机。"

孔子摇摇头，说："不是的。伯夷、叔齐能够让出国君的宝座，反对战争，看到周武王出兵讨伐商纣王，他们叩马而谏，当面斥责周武王的做法是'以暴易暴'。他们的仁爱到了这样的程度，但最后，他们还是饿死在首阳山。商纣王时的王子比干，以富有智慧著称，但是，他还是被商纣王所杀。可见，不是仁爱和智慧的问题。古今忠臣、义士、廉洁之士、诚信之士、博学之士，遭受患难甚至丢了性命的，多了去了，不仅仅是我或者我们。贤不肖者，材也；遇不遇者，时也。贤不肖和遇不遇，是两码事。贤者也会贫贱落魄，不肖者也会富贵得意。成为贤者还是不肖者，全在每个人自己。至于是贫贱落魄，还是富贵得意，那要看时运了。现在，我们没有那个时运，因此，尽管我们是贤者，没有什么做得不对的地方，也不能为当政者所用。我们所能做的，就是继续努力修身正行，等待属于我们的时运。"

子路说："这样说来，贤者或者君子，也有困厄的时候吗？"

孔子说："当然啊！不过，君子固然有困厄的时候，但在困厄之中，他们仍然会坚持自己的道德准则，会坚持自己的理想，不像小人，遇到困厄，就抛弃种种道德观念和礼法，胡作非为了。"

子路出，子贡入见。孔子说："端木赐啊，你是不是认为我的学说有问题，所以导致我们现在的危机？"

子贡说："先生的学说，崇高正大，无与伦比，没有问题。可是，现在的社会，特别是现在的当政者，实在太差了。正因为先生的学说崇高正大，现在的社会，现在的当政者才容不下，当然也就容不下秉持您的学说的我们。因此，先生是不是可以修改一下您的学说,例如,把目标和要求等降低一些,使得学说和社会、当政者靠拢,来求得社会,特别是当政者的认同,以便我们的学说和我们自己在当今社会有容身之地,至少不至于经常处于危机之中。"

孔子说:"端木赐啊,高明的农夫,能把所有的农活都干得很好,可是,他无法逆着天时、违反植物的本性而行。高明的工匠,能熟练施展各种技艺,可是,他也无法满足雇主不合理的要求。君子不能扭曲自己的思想,来迎合不良的社会和不良的当政者。你有这样的想法,可见你的思想立场还不坚定,志向称不上高远。"

子贡出,颜回入见。孔子问:"颜回啊,你是不是认为我的学说有问题,所以导致我们现在的危机?"

颜回说:"先生的学说,崇高正大,无与伦比,没有问题。可是,现在的社会,特别是现在的当政者,实在太差了。正因为先生的学说崇高正大,现在的社会,现在的当政者才容不下,当然也就容不下秉持您的学说的我们。虽然如此,我们仍然要努力推行我们的学说。现在,社会和当政者容不下我们的学说,容不下我们,这有什么值得忧虑的呢?他们容不下我们,这正好说明我们是君子!如果我们的思想卑下荒谬,我们的修养鄙陋不堪,那么,这是我们的耻辱。既然我们的学说崇高正大却不为这个社会所用,甚至为这个社会所不容,这不是我们的错,不是我们的耻辱,而是当政者们的错,是他们的耻辱!这正好凸显出我们是君子!"

孔子听了,欣然而笑,说:"如果你是个当政者,我一定辅佐你。"

孔子派子贡设法突破陈、蔡武装人员的包围,向楚国一方求助。楚军派出一支部队,来迎接孔子一行。陈、蔡武装人员见了,自知不是楚国军队的对手，只好撤除了包围。孔子一行的危机也就解除了。这时，他们被围困已经是第七天了。他们在楚国军队的护送下，前往楚国。

子贡为孔子赶车，大声说："各位！大家跟着先生遭此厄难，以后不要忘记啊！"

孔子接着说："这次厄难，是我的幸运，也是各位的幸运。这样的厄难，我们都过来了。诸侯不经历厄难，难以成为国王；贤者不经历厄难，他的贤德就难以彰显。"

子鱼尸谏

《论语·卫灵公》第 7 章中，孔子说："直哉史鱼！邦有道，如矢；邦无道，如矢。"意思是说："史鱼真刚直啊！国家有道，刚直得像支箭一样；国家无道，还是刚直得像支箭一样。"

史鱼，名鳅，字子鱼，卫国大夫。他为政为人，一贯以道为准则。不论客观环境如何变化，他的行事准则从来不会变化。

当时，卫国有两个大夫，蘧伯玉和弥子瑕，他们都是君子，都是人才。可是，他们的个性和行事方式，有很大的不同。蘧伯玉德高望重，严肃认真，宽袍大袖，让人望而生畏。弥子瑕则俊美潇洒，聪明伶俐，能说会道，善于变通，因此，他能讨卫灵公的欢心，得到卫灵公的宠爱。

例如，某天夜里，弥子瑕在宫中。他家里来人，说弥子瑕的母亲突然发病，病势很急很重。弥子瑕一听，就冒着受刑砍去一只脚的危险，假借国君的名义，叫了宫中一辆车，坐了赶回家。

又有一天，弥子瑕吃一只桃子，觉得这桃子很好吃，剩下的就给卫灵公吃，也不管这桃子是他咬了几口的。类似这些事情，蘧伯玉是无论如何也做不出来的。就这两人而论，弥子瑕的个性和卫灵公相近，而蘧伯玉的个性则和史鱼相近。

弥子瑕为卫灵公所重用，得到的机会比较多，而蘧伯玉则不大被卫灵公任用，经常处于闲散的状态。史鱼觉得这不合理，就建议卫灵公重用蘧伯玉，疏远弥子瑕，但是卫灵公没有采纳。史鱼又频繁地向卫灵公提出这样的建议，卫灵公要么充耳不闻，要么只是口头上答应，但没有行动。

史鱼得了重病，快要去世了，就对儿子说："蘧伯玉是个贤者，我屡次向国君称道他的贤德和能力，但国君就是不重用他。弥子瑕只会和国君一起吃喝玩乐，我屡次向国君指出此人的无德无能，建议国君疏远他，但国君就是不听。我身为大臣，活着的时候，不能使贤者得到重用，不能使不肖者离开重要职位，君主有失误，我不能纠正，死后，不配在正堂办丧事，不配享受这样的待遇。你们把我的遗体搁在偏屋，就可以了。"

史鱼去世后，他的儿子不敢不按照父亲的意愿办丧事。卫灵公来参加丧礼，看到史家这样办史鱼的丧礼，觉得奇怪，就问史鱼的儿子是怎么回事。史鱼的儿子不敢隐瞒，就直说了。

卫灵公听了，愕然，脸色大变。他说了句"这是我的失误"，马上就写手令，把弥子瑕从现任岗位撤下来，把蘧伯玉提拔到一个重要岗位——完全按照史鱼生前屡次向他建议的办。

史鱼的儿子马上在史鱼的遗体前，向父亲禀告了这个消息。然后，命家人把史鱼的遗体从偏屋搬到正堂，堂堂正正地办丧礼。卫灵公也成礼而去。

这就是史鱼"尸谏"的故事。孔子听了这件事后，说："古代以谏君主出名的人很多，但都只是谏到死为止。从来没有史鱼这样的人，生前谏，死后以自己的尸体谏！以如此的忠诚感动了他的君主，这能不称之为直吗？"

公叔文子推荐部下

　　《论语·宪问》第 18 章中记载，大夫公叔文子的家臣僎（zhuàn）与文子一起上公朝，孔子听说后，道："可以称得上文了。"当时，大夫有封地，封地等家业需要人来管理。为大夫家做管理工作的人，就叫家臣。僎本来是公叔文子的家臣，公叔文子发现他很优秀，很能干，就把他推荐给鲁国当局。于是，僎就也成了大夫，和公叔文子成了同事，一起为鲁国当局服务，一起上朝。这样做是不容易的，第一要有足够的识别优秀人才的能力，第二，自己没有妒忌心理。因此，孔子赞扬他，说他称得上"文"这个谥号了。

　　公叔文子，即春秋时卫国大夫公叔发。他和孔子同时，和同是卫国人的蘧瑗、史狗、史鳅、公子荆、公子朝等，德才多可观，被称为君子。其为人廉静，不苟言笑。孔子曾向一个叫公明贾的人问起公叔文子："老先生真的不说话、不笑、不取好处吗？"公明贾回答说："这是对您说这些话的人的过错。老先生在应该说话的时候，他才说话，人们不嫌他的话多；在快乐的时候，他才笑，人们不嫌他的笑多；在取好处符合道义的时候，他才取，人们不嫌他取得多。"孔子说："是这样吗？难道真的这样吗？"

　　其实，公叔发的谥号全称是"贞惠文子"，"文子"是简称。公叔发去世后，他的儿子请国君赐予谥号，国君说："当年卫国遭受饥荒，他老先生给饥民施粥，救活了很多人，这不是'惠'吗？有一年，卫国有难，他老先生拼死保护我，这不是'贞'吗？他主持卫国的政务，内政外交都有建树，卫国在诸侯国中有声誉，这不是'文'吗？所以，就以'贞惠文子'为他老先生的谥号吧。"

君子求诸己，小人求诸人

《论语·卫灵公》第21章中，孔子说："君子求诸己，小人求诸人。"君子求诸己，故不怨天，不尤人；小人求诸人，故好怨天尤人。

比孔子稍后的战国初期的政治家、魏国的开国时期的大臣狐卷子，他也表达过类似的思想。

一天，魏国的开国君主魏文侯问了狐卷子一连串的问题："如果有非常优秀的父亲，当儿子的就有足够的依靠了。是不是这样？""如果有非常优秀的儿子，当父亲的就有足够的依靠了。是不是这样？""如果有非常优秀的哥哥，当弟弟的就有足够的依靠了。是不是这样？""如果有非常优秀的弟弟，当哥哥的就有足够的依靠了。是不是这样？""如果有非常优秀的部下，当领导的就有足够的依靠了。是不是这样？"

对这些问题，狐卷子连连摇头，回答，都是"未必"。

魏文侯不高兴了，面露怒色，说道："寡人问了你五个问题，你的回答都是否定的。道理何在？"

狐卷子从容回答："若论做父亲的优秀，谁比得了尧？可是，尧的儿子丹朱犯罪，被流放了。可见，父亲再优秀，也无法构成儿子的充分依靠。若论做儿子的优秀，谁比得了舜？可是，舜的父亲瞽瞍是那么不靠谱，竟然屡次谋杀儿子，被天下后世看不起。可见，儿子再优秀，也无法构成父亲的充分依靠。若论做哥哥的优秀，谁比得了舜？可是，舜的弟弟象，是那么的狠毒，竟然屡次谋杀哥哥，同样被天下后世看不起。可见，哥哥再优秀，也无法构成弟弟的充分依靠。若论做弟弟的优秀，谁比得了周公？可是，周公的哥哥管叔，联合商朝的贵族造反，被杀了。可见，弟弟再优秀，也无法构成哥哥的充分依靠。若论当部下的优秀，谁比得了汤和周武王？可是，夏桀和商纣王荒淫无道，成了亡国之君。可见，部下再优秀，也无法构成领导的充分依靠。望人者不至，恃人者不久。君主如果想把国家治理好，必须从自身做起，别人岂能构成充分的依靠？"

魏文侯听了，觉得很有道理。

季孙氏将伐颛臾（yú）

在上古历史传说中，东夷部落首领太皞（hào）是伏羲之后，以"风"为姓，他建立了颛臾方国。西周时，周成王分封了颛臾，让它作为一个诸侯国，掌管祭祀蒙山的事务，其故地在今山东省临沂市平邑县柏林镇一带。颛臾地方狭小，人口又少，自然环境也不理想。其主流社会的主要任务又是为周天子管祭祀蒙山山神的事务，也缺乏进取、开拓的精神，所以到了春秋初期就变成了鲁国附庸。到孔子生活的春秋末期，颛臾实际上就是鲁国的一部分了。当时，掌握鲁国实权的季孙氏为了扩大他的封地，准备吞并颛臾。

《论语·季氏》第1章中记载，有一天，冉有、季路参见孔子，说："季氏将对颛臾采取军事行动。"

孔子说："冉求！这恐怕是你的过错吧？这颛臾，过去先王以它负责东蒙山的祭祀，而且已经在我们鲁国的版图之内，是我们鲁国的臣下了。为什么要讨伐它呢？"

冉有说："季氏想这样干，我们两个当家臣的都不想这么做。"

孔子说："冉求！周任曾说，'施展自己的力量以就其职位，不能胜任就不干'。危险而不挽，跌倒而不扶，还用那个搀扶的人干什么？况且，你的话错了。老虎、犀牛这些凶猛的野兽从木笼中跑出来，乌龟壳和玉器被毁坏在柜子里，这是谁的过失？"

冉有说："现在这个颛臾，坚固且与季孙氏的封地费地相近。现在不取，后世肯定会成为季孙氏家族子孙的忧患。"

孔子说："冉求！君子讨厌那种抛弃说'想要它'这一真实意图而为其真实意图辩护的行为。我听说，拥有国土和封邑的人，不担心百姓少，而担心贫富不均；不担心贫困，而担心不安定。因为贫富均就无所谓贫困，和谐相处就无所谓百姓少，上下安定就没有倾覆之患。像这样，因此，远地方的人不服，就修文德使他们自愿来归顺。使他们来后，就使他们安定下来。现在仲由和冉求辅佐季氏，远地方的人不服而不能使他们来归顺，国家四分五裂而不能保持统一，反而谋划在国内动刀枪。我恐怕季氏的忧患不在于颛臾，而在于萧墙内呢。"

伐颛臾之事，不见于经传和史书。季氏及冉有等可能因孔子之言而取消伐颛臾之举。后来，鲁哀公欲以越伐鲁而去除季氏，正应验了"患在萧墙之内"这句话。

陈亢问一得三

《论语·季氏》第 13 章中记载，孔子的学生陈亢以为孔子会私下给他的儿子教一些比较特别的学问。一天，他问孔子的儿子孔伯鱼："你从你父亲那里听到过什么特别的吗？"

伯鱼回答说："没有。有一次，父亲曾经独自站在庭院里，我很快地穿过庭院。父亲问我：'学《诗》了吗？'我回答说：'还没有。'父亲说：'不学《诗》，没有资本与人家讲话。'我退下后就去学《诗》了。另外一天，父亲又独自站在那里，我又很快地穿过庭院。父亲说：'学《礼》了吗？'我回答说：'没有。'父亲说：'不学《礼》，没有资本自立于世。'我退下后，就去学《礼》了。我听到过这两项。"

离开伯鱼后，陈亢高兴地说："我向伯鱼问了一个问题，得到了三个收获。知道了《诗》，知道了《礼》，又知道了君子不特别对待自己的儿子。夫子施教，对他儿子、我们这些学生，并无亲疏厚薄远近之分。"

《诗经》内容丰富，所涉及的地域广、历史长，知识性强，且长于修辞，学之能善言辞，不学则语言鄙陋。《礼》规定各社会角色之分，不学《礼》，不知其分，则不能当好社会角色，无以自立于社会矣。陈亢之喜，喜问一得三也。

陈亢学了《礼》，后来，在关键时刻起了大作用。陈亢的哥哥子车在卫国因病去世，陈家要办丧礼。他嫂子与子车的一个心腹部下商量，准备让人给子车殉葬，说这样才显得隆重，才能凸显对死者的尊重。可是，陈亢坚决反对，双方争执起来。最后，陈亢说："殉葬是违反周礼的，周礼没有殉葬的内容。你们拿出《礼》的规定来！"他嫂子他们当然拿不出。

陈亢又说："如果你们执意要有人给我哥哥殉葬，那么，用你们两个人殉葬最为合适。因为我哥哥在世时，和你们两个的关系是最为密切的。"

既然如此，他嫂子和他哥哥的那个心腹当然就不敢坚持要用人殉葬了。

孔子与阳货斗法

《论语·阳货》第1章中，记载了孔子和阳货斗法的故事。

鲁国的实权掌握在季孙氏、孟孙氏和叔孙氏这"三桓"手里。季孙氏有个家臣阳货，非常能干，慢慢地，他控制了季孙氏家的资源，鲁国的很大一部分实权已经掌握在他的手里了。他还不满足，还想有更大的作为。于是，他注意招揽人才。孔子就进入了他的视野，他很希望孔子出来和他合作。

于是，阳货想让孔子去见他，这样，和孔子谈合作就比较方便了。可是，孔子不愿与阳货合作，也不愿与阳货交往，更不愿屈身趋附阳货，所以不愿去见。阳货呢，大权在握，自高位置，不肯降尊纡贵去拜访孔子。

阳货想了一个办法：送给孔子一只乳猪。这是有道理的。阳货知道，孔子是很讲究人际交往中的礼节的。人家送了你一只乳猪，按照礼节，你就应该答拜，应该回访人家，这才可以显示你的修养，否则就是失礼了。如果孔子答拜阳货，那么，阳货就可以和孔子谈合作的事情了。以后合作，孔子也就比较容易听阳货的了。

孔子知道阳货的小心思，更知道阳货的所作所为。阳货和他是两类人。孔子讲究"君君、臣臣，父父、子子"，而阳货眼睛里是没有这些的，季孙氏是他的主人，他要欺负，甚至连国君他都要欺负。道不同不相为谋，孔子怎么会和阳货合作呢？可是，阳货给孔子家送了一只乳猪，孔子不回拜，就是失礼啊！回拜是一定要回拜的，怎么能够失礼呢？

孔子想了一个绝妙的办法：趁阳货不在家时去拜访他。这样既回拜了阳货，肯定不能算失礼，又避免了和阳货面对面，不给阳货谈政治上合作的机会，以免双方尴尬，两人在礼节上打个平手。于是，孔子在阳货不在家的时候去答拜了阳货，也送了一些礼物，还礼了。

可是，无巧不成书，孔子离开阳货家回家的路上，竟然遇到了阳货，而且没有办法躲避了，只好面对面。

两人都看见了对方，停下车，下车，走到一起。在互相交换了客套话后，阳货对孔子说："来！我跟你说。"他接着说："身怀治国之才而让国家继续在迷乱之中，这样的人，可以称得上仁吗？"

孔子说："当然不可以。"

阳货又说："喜欢做事而常常失去时机，这样的人，可以称得上智吗？"

孔子说："也不可以。"

阳货说："日月在不断地过去，时光不会等我们。"

孔子说："好，我决定出仕了。"

阳货所言，抓住孔子所尚的"仁""智"，切合鲁国当时的政治状况及孔子到处谋求大用而不得的事实，富有极强的逻辑力量，使孔子根本无法反驳。孔子所答，简短而明确，且随阳货之意而答之。其原因有二：一是阳货之语，确是实言，孔子之答，不可不谓之直。二是孔子不愿与阳货细论，又不能得罪他，还不愿和他多纠缠，所以所答简短。

子游以礼乐教化百姓

孔子生活的时代，是贵族政治向官僚政治转化的时代。贵族政治的特点之一是世袭，老子去世了，儿子接他的官位。官僚政治的特点之一是：官员是选拔的，不是世袭的。言偃，字子游，吴国人，更加确切一点说，他的家乡，在今天的常熟。他从吴国来到鲁国，当孔子的学生。在孔子门下学成后，他就在鲁国做官了，当武城这个地方的行政长官。这是当时官员出于选拔的一个例证。

《论语·阳货》第 4 章中记载，一次，孔子和他的学生们到武城，想去看看子游治理的效果如何。子游自然陪同孔子一起巡察。

在巡察的过程中，孔子不断听到音乐之声，便微笑着说道："杀鸡哪里用得着牛刀？"

礼乐之用，在于陶冶人心，使归于正道。为国当然有必要用乐，君子们参加的宴会、祭礼、朝会、外交活动等，乐尤不可缺。武城只是一邑，邑中又以乡村百姓亦即小人为主，君子寥寥，但子游治之，而以乐行教化，君子小人皆及之，故邑人皆发为弦歌。这似乎是"割鸡用牛刀"，所以孔子这样跟他开玩笑。

子游回答说："以前我在您那里听说过，'君子学道就爱人，小人学道就容易差使'。"治国治邑，所治虽有大小之别，但为政的方法、精神，则多相通之处。治国当用乐行教化，治邑亦当用乐行教化。治君子治小人，所治对象不同，但都有必要以乐行教化。因为"君子学道则爱人，小人学道则易使"。使小人的君子爱人，被君子所使的小人易使，如此则上下相和，百事易成矣。因此，子游将以乐行教化用之于治一邑，且既用之于君子，又用之于小人，此并非"割鸡用牛刀"。

孔子于是正色告门人，肯定子游之所为："你们几位听着！言偃的话是对的，我刚才说的话是跟他开玩笑罢了。"

孔子面对叛乱者公山弗扰的邀请

公山不狃（niǔ），复姓公山，名不狃，也作弗扰、不扰，字子泄。此人和阳虎是同事，他们都是鲁国"三桓"之一季孙氏的家臣，都很能干，也都有很大的政治野心，或者说政治抱负，也都得到当时季孙氏的首领季桓子的信任。季孙氏家族的封地是费邑，故地在今天山东省费县。这封地是季孙氏家族的根本，当然非常重要。公山不狃担任费邑的邑宰，也就是那里的行政长官。

鲁定公五年（前505年），六月，季孙氏家族的首领季平子去世。阳虎准备把一块美玉作为季平子的殉葬品，季孙氏家的另一位家臣仲梁怀不肯给，说改用普通的玉就可以了。阳虎想赶走仲梁怀，把自己的想法告诉了公山不狃。公山不狃劝道："他也是为了主人，你怨他做什么？"

季平子的葬礼之后，季桓子成了季孙氏家族的首领。季桓子视察鲁国的一些地方。到费邑的时候，公山不狃在费邑城郊外迎接慰劳，给季桓子敬酒，季桓子郑重回礼，这使公山不狃觉得很有面子。公山不狃又给作为季桓子随从的仲梁怀敬酒，仲梁怀却不回礼。公山不狃恨得牙齿痒痒的，但当时不能发作。

于是，公山不狃就秘密找阳虎商量，制定打击季孙氏和仲梁怀的计划。次年九月，他们实施这个计划，囚禁了季桓子，驱逐了仲梁怀等几个季孙氏的骨干人物，甚至还杀了一个公何藐。季桓子在他们的胁迫下，和他们订立了盟约，才在十月间获释。此后，阳虎他们就掌握了鲁国的实权。

到了鲁定公八年，公山不狃和季桓子的矛盾升级。他和阳虎联合三桓家族中不得意的一些人，决定发动政变，杀季桓子等三桓中掌权的人，立三桓中不得意的人。这年十月，他们准备在曲阜东门外一个叫蒲圃的地方举行祭祀活动。季桓子作为季孙氏家族的首脑，肯定会参加这个活动。他们就准备在这个活动中动手。

孟孙氏家族的家臣发现了蛛丝马迹，禀告了孟孙氏。于是，孟孙氏家族对此做好了准备。

到那个日子，参加祭祀的要人都往蒲圃进发。阳虎为前驱，季桓子的车在中间，阳虎党羽阳越的车在最后。季桓子的车是阳虎的一个党羽林楚驾驶的。季桓子发现气氛不对，就成功策反了林楚。在车子到达一个十字路口的时候，林楚听从季桓子的指挥，把车往孟孙氏家族的城堡方向赶，扬鞭策马，驰骋而去。阳越一看不对，就向季桓子的车射箭，不中。孟孙氏手下把季桓子的车放进来，然后关门，在窗口向外射箭，阳越被射死。孟孙氏城堡中，冲出三百个武士，和阳虎他们战斗。阳虎劫持了鲁定公，讨伐孟孙氏，先胜后败。失败后，阳虎到鲁定公宫中掠夺了不少珍宝，又经过一番折腾，失败后逃出鲁国。

公山不狃在费邑经营若干年，根深蒂固。费邑虽说是季孙氏家族的封地，但这时早已被公山不狃所控制。阳虎失败后，公山不狃在鲁地，仍然和鲁国当局对抗，成了一个军阀。鲁国经过三桓、阳虎等人的折腾，一时难以有力量来解决公山不狃，所以，公山不狃继续经营费邑。

公山不狃知道，鲁国当局对他下手，那是迟早的事情。因此，他急需人才，来增强费邑的实力，这样才可以和鲁国当局讨价还价。即使冲突起来，也多几份胜算，甚至还有可能由他掌控整个鲁国。于是，他向孔子发出了邀请。

孔子以天下为己任，但一直没有从政的机会。这时，他已经五十岁了。古代人的平均寿命短，远远不到五十岁。因此，对这时的孔子来说，以后经国济民的机会恐怕就很渺茫了。可是，就在这个时候，他接到了公山不狃这样的邀请。他会如何处理？不接受吧，机会难得，过了这个村，就没有那个店了。接受吧，孔子一向强调"君君、臣臣，父父、子子"，对犯上作乱的乱臣贼子，深恶痛绝。公山不狃正是这样的乱臣贼子，这是板上钉钉子的事情。现在要到他手下做官，和他一起犯上作乱，也当乱臣贼子，这是无法想象的事情。

接受，还是不接受？这是个问题。

《论语·阳货》第5章中记载，公山弗扰凭借着费邑和鲁国当局对抗，请孔子去与他合作，孔子想前往。子路不高兴，说："没有什么地方可去也罢，何必到公山氏那里去呢？"孔子说："难道是白白地召我去？如果有人用我，也许我能干出个东周来！"

孔子竟欲前往，而不计公山氏之为叛乱，还说如获任用，他可以为一"东周"，在鲁地行周道。此大有深意在。周文王兴于西，故云西伯，而周终有天下且大昌。"东周"之说，隐然有仿文王兴于西之意，其志不在小。但谁是"东周"之"文王"或"东伯"？是公山氏? 阳虎? 鲁君? 还是孔子本人呢?

当时周王室尚在, 周王仍是天子, 孔子如此之态, 岂非悖乱乎? 如果在其地尊周王, 则理顺矣。

孔子终于未赴公山氏之召, 或许是知道其志终不可成也。阳虎、公山都是悖乱之臣, 若与他们谋求行周道, 岂不荒唐? 孔子欲往而行周道, 也是一时奏起 "狂想曲" 罢了。

孔子面对佛肸（Bìxī）的邀请

春秋末期，晋国大夫赵氏家族非常兴盛，实力雄厚。佛肸是赵氏家族的家臣，担任赵氏控制地区的中牟这个邑的邑宰，也就是行政长官。后来，他和赵家有了矛盾，觉得自己实力强大，就凭借着中牟这个地方造反了，想脱离赵家的节制，自己独立成为一支政治势力。

《论语·阳货》第7章中，佛肸请孔子去参与他的造反大业。孔子竟然想去。

子路说："过去我听您说过，'亲身做坏事的人，君子不与他合作'。佛肸凭借中牟叛乱，您去与他合作，怎样解释您说过的这句话呢？"

孔子说："对，有这样的话。不过，不是说'坚啊磨而不损'吗？不是说'白啊染而不黑'吗？我难道是葫芦吗？怎么能挂起来不吃？"

孔子想接受佛肸的邀请，和想接受公山的邀请，以及后来终于没有接受邀请，想法都是一样的。至于说"坚乎磨而不磷""白乎涅而不缁"云云，都是为自己找借口。一个世俗的人，是难以达到一点不受环境影响这样的境界的。

赵家的首脑人物赵简子知道佛肸造反，就派军队来平乱。关键时刻，佛肸把中牟城中的成名人物，包括大大小小的官员和贵族，聚集在广场上，又安置了一口大锅，锅子中放了水，锅底下放了很多柴草。佛肸宣布，凡是愿意和他合作的人，如果造反成功，会获得封地；凡是不愿意和他合作的人，就会被扔入锅子煮成肉汤。这些人物几乎都表示愿意和他合作。

有个叫田基的，他最后一个来，听到佛肸这话，就一边开始脱衣服，一边说："讲究道义的人，高官厚禄在前面，如果是不义的，他不会接受；刀山火海在前面，如果避让是不义的，他不会避让。"

就在这千钧一发之际，赵简子的军队冲进城来。广场上的人一哄而散，田基这才从容淡定地穿上衣服。

中牟之叛就此结束。赵简子论功行赏，推田基为第一功。田基道："如果我凭这样的功劳获得赏赐，那么，中牟士林中人，脸往哪儿搁啊？"于是，他带着全家老小搬到楚国去住了。楚国国君钦佩田基的行为，让他当了司马。

殷有三仁

《论语·微子》第 1 章中,孔子评论微子、箕子和比干为"殷有三仁焉!"

微子、箕子和比干这三位,都是商纣王的近亲,也都是商朝的贵族,都在暴君商纣王的统治下当官、生活。他们如何应对商纣王的无道呢?

微子,名启,后世也称微子启、宋微子、殷微子。他是商纣王帝辛的大哥。

商纣王的父亲商王帝乙有三个儿子,老大就是启,老二叫衍,后来又被称为微仲,老三叫辛,又名受德。这兄弟三人是同一个母亲所生,只是该女子生老大和老二的时候,还是妾的身份,不是商王的正妻。后来当了正妻,又生了老三。本来,商王帝乙和他的正妻想立老大为太子。而太史依据当时的礼法,坚持正妻所生的儿子有继承王位的优先权。所以,老三当了太子。他的父亲去世后,他就成了天子。这就是大名鼎鼎的商纣王。

老大启没有当到天子,但他是名副其实的贵族,被封为子爵,微地是他的封地,所以,他就被称为微子。微的故地,在今山西省长治市潞城区。

面对商纣王的无道，微子反复劝阻，都没有效果。眼看商王朝即将垮台，他如果不离开，被商纣王所害、在动乱中丧生、被造反者所杀的几率都很大。为了能够延续家族，让祖宗有人祭祀，他就出走了，离开京城，远远地躲了起来。

周武王推翻商王朝后，他持祭器前往周政权军队所在地，让人把他捆了去见周武王。周武王把他放了，让他继续管理微地。周武王去世后，商王朝遗民造反，被周公镇压。此后，周成王和周公把商朝旧都商丘给启作为封地，建立宋国，启就成了宋国的第一位君主。商丘故地，在今河南省商丘市睢阳区。在当时，只有有封地的人才有资格祭祀祖宗。汉代因避汉景帝刘启之讳，改"启"为"开"。

箕子，名胥余，商纣王的亲叔叔。他的封地是箕（故地在今山西省晋中市太谷区），爵位是子爵，所以叫箕子。商纣王的时候，他在朝廷担任太师。

箕子发现纣王吃饭必用象牙筷，就敏锐地感到，纣王开始追求奢侈无度的生活了。很不幸，他的担心成了事实。纣王荒淫无道，箕子苦口婆心净谏，但纣王完全不听。见天下被折腾得一塌糊涂，箕子忧国忧民，鼓琴唱《箕子操》抒发感情。为了保全自己，以免被纣王派去干他不愿意干的事情，成为纣王的帮凶，他披发佯狂，以示不堪任用。纣王以为他真的疯了，就把他囚禁起来，当奴隶使用。

武王伐纣，战乱之中，箕子逃往箕山。箕山就是今山西省东南部晋城市陵川县的棋子山。箕子在那里一边避乱，一边研究治国平天下之道。

周武王获得天下后，到箕山拜访箕子，并且请他出来当官。箕子拒绝了，但把《洪范九畴》中治国平天下的道理讲给武王听。此后，箕子怕被打扰，就离开那里往东去了。古籍中说，他带了一批商朝遗民到朝鲜，创立了箕氏侯国。周武王知道了，就派人到朝鲜封箕子为当地国君朝鲜侯。

比干是商纣王的亲叔叔，他的封地是比邑，故地在今山西汾阳，故称比干，也称王子比干。商王帝乙，也就是他的哥哥、商纣王的父亲当天子的时候，王子比干辅佐天子。商纣王当天子的时候，他又尽力辅佐。商纣王无道，他频繁谏止，冒犯了商纣王，被杀害。

这三人身份差不多，同时面对商纣王的种种无道，可是，他们的选择却不同：微子选择了离开，箕子选择了佯狂以脱离朝政，比干选择了直谏献身。孔子认为，他们的选择，都是正确的，他们都是仁人。

《论语·里仁》第 10 章中，孔子说："君子之于天下也，无适也，无莫也，义之与比。"

大意是说："君子对天下的一切，不执着追求什么，不漠视什么，只要道义与他在一起。"在同样的情况、同样的条件下，人们的选择未必要相同，也很难分出高下，只要符合道义即可。

楚狂接舆歌而过孔子

《论语·微子》第 5 章中，有"楚狂接舆歌而过孔子"的故事。那么，孔子怎么会和楚国的这样一位狂人相遇的呢？

孔子一行在陈国和蔡国之间被人围困七天，终于被楚国军队解救出来。在楚昭王的邀请下，他们来到楚国。

楚昭王召见孔子，和孔子大谈经国济民的大道。他对孔子的印象非常好，准备把楚国书社之地七百里封给孔子，请孔子在楚国担任重要职务。

楚令尹子西知道了，就问楚昭王："大王现在的部下，擅长外交事务的人，他的外交才能，有胜过子贡的吗？"

楚昭王思考片刻，回答说："没有。"

子西又问："若论辅相之才，大王部下，有胜过颜回的吗？"

楚昭王回答："没有。"

子西又问："将帅之才，我们有胜过子路的吗？"

楚昭王回答："也没有。"

子西继续问："做具体事务之才，有胜过宰予的吗？"

楚昭王摇摇头，回答："还是没有。"

子西道："当年楚国的祖先接受周王室的封号，爵位是子爵，土地不过五十里。今天呢？我们的国君已经称王，国家疆域方圆数千里！现在，孔丘述尧舜禹汤文武周公之道，以恢复西周礼制为务。大王如果重用他，我们怎么可能继续享有这堂堂方圆数千里的土地？周文王在丰，周武王在镐，当时，周所占有的土地，不过百里，可是，周武王竟然得到了天下。书社之地七百，如果孔丘得之，他的那些贤弟子为辅佐，对我们楚国来说，那是可怕的异己力量，绝非楚国之福。"

楚昭王听了子西这番话，就打消了任用孔子、给孔子封地的想法，也不再怎么接待孔子了。这年秋天，楚昭王就去世了。孔子就不受楚国的当权者待见了。

孔子一行在楚国受到冷落。但是，他们还不死心，所以，还不免还在楚国走走，希望奇迹发生，得到在那里发展的机会。

楚国有个狂人，叫"接舆"。某日，接舆看见孔子的车子在行驶过来，就迎面走过去，一边唱着歌，一边从孔子的车子旁边走过。很明显，他的歌是专门唱给孔子听的。他唱道："凤凰啊，凤凰啊！为什么你的道德衰落了？过去的不可谏止，未来还来得及弥补。罢了，罢了，今天的从政者危险了！"孔子下车，想跟他说话。他快步避开了。

孔子在楚国继续待了一段时间，没有什么收获，觉得再待下去也没有意义了，所以，就从楚国回到卫国。这一年，孔子已经六十三岁了，用鲁国的纪年，正是鲁哀公六年。

且说这个接舆，也是楚国的一位贤者，但不愿意在这样的乱世出来做官，所以就和妻子隐居，躬耕为生。那么，他的结局如何呢？

一天，他的妻子到市场去买东西，还没有回家。楚王的使者来到接舆家里，说奉楚王之命，送给接舆黄金百镒，并说任命接舆为楚国一个叫河南的地方的行政长官。接舆听了，只是笑笑，什么话都没有说，包括客气话。使者不知道说些什么，也不知道应该做些什么，只好讪讪告辞。

接舆的妻子从市场回到家里，对接舆说："你年轻的时候就立志立身行事都按照道义，难道现在就要进入老年的时候，却抛弃了这样的志向？"

接舆莫名其妙，赶紧问妻子为什么说这样的话。

妻子道："门外的车轮印子这么深，肯定有达官显贵来拜访你啊！你竟然开始和官府往来了？"

接舆道："哦！楚王派使者来，送给我黄金百镒，任命我为河南的行政长官。"

妻子赶紧问："难道你就答应下来了？"

接舆回答："没有。"

妻子道："不受君赐，不从君命，这不是忠。但是，如果你受君赐、从君命，这就抛弃了道义。怎么办呢？我们不如离开这里吧！"

于是，他们一家就搬到别的地方居住，隐姓埋名，不让别人了解他们。从此，谁也不知道他们在什么地方。当然，楚王对接舆的任命也就只好撤销了。

有的书上说，接舆姓陆，名通，"接舆"是他的字。其实，"接舆"是《论语》中"楚狂接舆"故事的记述者给这位狂人取的一个名字，原因是出于记述的方便而已。这狂人迎着孔子的车子走过来，所以，就被称为"接舆"。"接"是迎接，"舆"就是指车子。至于接舆和他妻子的故事，也都是后人根据《论语》中这个故事编出来的。

隐居躬耕的长沮、桀溺

《论语·微子》第 6 章中记载，孔子一行周游列国的途中，有一次，不知道渡口在哪里，就只好停下车来。孔子在领头的那辆车中，子路赶车。孔子看见不远的地方有两个长得比较高大的人，在并排耕作，就叫子路下车，去向那两个人询问渡口在哪里，怎么走。子路遵命，把手里的马缰绳交给孔子，孔子接过马缰绳，控制好马，以免马擅自启动车子。子路就向那两个人走去。

为了叙述的方便，《论语》中就把那两个在耕作的人分别叫作长沮、桀溺。"长"不难理解，指此人长得很高。"桀"也是高大的意思。沮、溺，在这里，都是表明那个地方近水。附近既然有渡口，那么，那里应该是靠近水的。

子路走到长沮、桀溺跟前，向他们行过礼，打过招呼，就说："请问附近的渡口在什么地方，怎么走？谢谢。"

长沮没有直接回答，反而问道："那个在车上拿着马缰绳的人是谁？"

子路说："是孔丘。"

长沮又问："是鲁国的孔丘吗？"

子路说："是的。"

长沮说:"那他应该知道渡口在哪里。"言下之意是:孔子周游列国,于各地道路应该烂熟于心。此乃讥孔子四处奔波,竭力寻求为政机会而始终不遇,却又不肯罢休。子路尽管学问不足,但人情世故还是懂的。长沮的讥讽之意,他完全明白。但是,要解决问题啊,渡口在哪里,怎么走啊?

见长沮不好说话,子路只好问桀溺了。

桀溺也不回答子路的问题,而是问道:"你是谁?"

子路说:"是仲由。"

桀溺又问:"是鲁国孔丘的弟子吗?"

子路回答道:"是的。"

桀溺道:"天下都这样纷乱无状,而谁能改变它?你们与其跟随那个避开没有希望的当道者的先生,哪里及得跟随避开乱世的先生呢?"他边说边覆土盖种子,没有停下手中的活。孔子周游列国,寻找发展的机会,发现当政者无道,或不足以行道,没有希望,他就离开,继续寻找。因此,在桀溺看来,孔子就是那个"避开没有希望的当道者"的人。他们自己,是"避开乱世"的人。

那么,他为什么认为他们这样的人胜过孔子这样的人呢?因为在他们看来,当时世界上根本就没有有出息、有希望的当道者,孔子这样周游列国,寻找有出息、有希望的当道者,风尘仆仆,必然是徒劳的。也正因为如此,他们不肯告诉子路,渡口在什么地方,怎么走。

子路见这两人不愿意配合,不好勉强,也不敢得罪,只得离开。他回到车旁,将他们说的这些话,告诉孔子。

孔子听了,沉思良久,若有所失地说:"人不能离开社会而与鸟兽等动物在一起，我不与世人共处而与谁共处？如果天下有道，我也不来参与改变天下的事了。"

长沮、桀溺认为，当时天下无道，贤者应该归隐避世。孔子则为使天下归于有道而汲汲奔忙，与长沮、桀溺所为相反，因此，长沮、桀溺才这样讥讽孔子和子路。

长沮、桀溺错了吗？还是孔子错了吗？身当乱世，而自知乏定乱之才，于是隐居避世，"苟全性命"，以待天下归于有道，政治清明，再出仕以施展其高才大能，建功立业，也是可以的。可是，较之于为社会归于有道而奋斗者，隐居避世者不免逊色。因此，孔子自然较长沮、桀溺为胜。

可是，孔子屡次告诫学生，天下有道则仕，无道则隐，而他自己，则在无道之世，还到处谋求出仕的机会？这怎么理解呢？

这里有两个原因。其一，儒家学说，长于教化，短于定乱，在无道之世，政治上很难发挥作用，故孔子告诫学生如此。孔子周游列国，除了谋求为政行道的机会外，也有宣传其政治主张，也就是传道的意思在。其二，孔子爱学生，不愿意让他们冒险，故告诫他们，社会无道就隐居。他自己则不顾危险，不辞辛劳，愿意为社会献身，虽是乱世，仍然奔走谋求大用。

子路遇到荷蓧（diào）丈人

《论语·微子》第 7 章中记载，子路跟着孔子一行周游列国，有一天下午，不知道什么原因，他掉在后面了，一时找不到孔子他们，很着急。

还好，子路遇到了一位老先生。这老先生用手杖背着一个蓧。蓧是当时耘田用的竹器。

子路问这老者道："对不起，老先生，您见到我的先生了吗？"

老者看了子路一眼，冷冷地道："你们这些人，四体不勤，五谷不分。看似忙忙碌碌，跑来跑去，摇唇鼓舌，既不种田，又不做工，也不经商，对社会有什么用处？甚至还搞出许多是非。谁是先生？"说着，他把手杖插在地里，耘田除草，不再搭理子路。

见这老者气度非凡，神情冷淡，子路拱手而立，不敢再问。

过了好一会儿，老者终于开口了，说这附近没有人家，离开大路比较远，建议子路不要走了，等他耘田结束收工，就跟着他走，这天就住在他家。子路同意了。

傍晚，子路跟着老者来到老者的家里。老者命人杀鸡、做小米饭，来招待子路，又让他的两个儿子出来与子路相见。子路美美地吃了一顿，度过了一个愉快的夜晚。

第二天，吃过早饭，子路对老者说了很多感谢的话，就向老者一家告别，继续寻找孔子一行。

子路问了不少人，走了很多路，终于找到孔子一行。然后，他将遇到老者的事情告诉了孔子。

孔子说："这老者是个隐居者。"随即命子路返回，去见那位老者。

子路走到老者的家，被老者家人告知，老者已经去农田劳作了。

子路说："人伦有五：父子有亲，君臣有义，夫妇有别，长幼有序，朋友有信。君臣有义，是五伦中最大的。不出仕就是不讲君臣之义。老先生家里，长幼之间的礼节实行得非常好。可是，长幼之义既然不可废掉，君臣之间的大义，怎么能废掉呢？不能要想使自己高洁，而乱了君臣之间的大伦。君子出仕，就是行君臣之义。我们的道不可能实行，已经知道了，我们是在尽君臣之义。"

不过，子路的话也未必正确。长幼之节与君臣之义，虽同属人伦，但是范围有别。前者行于家，后者行于世。世无道而家不能无序，国不治、天下不平，而家不妨其齐。二者的基础也大不相同。长幼之节以亲族关系为基础，君臣之义则以道相合为基础。只要亲族关系存在，长幼之节就不可废。君臣以道合，道合则合，道不合则去。故君臣道不合，臣可去君，而君臣之义绝。即使君臣之义绝，或者根本没有君臣关系，在家里，也应该讲究长幼之节啊！这老者就是这样，古往今来，普通老百姓家都是这样的啊！

学而优则仕

孔蔑和宓子贱都是孔子的学生，都当邑宰。所谓邑宰，相当于一个县的行政长官。

一天，孔子到孔蔑当官的地方去了解孔蔑当官的情况，让他谈当官的体会，并且提示他，主要谈当官有哪些得失。

孔蔑懊恼地说："我当官以来，辛辛苦苦，可是，根本没有收获。损失倒是有的，至少有三个方面。首先，公家的事情太多了，上级的任务分派下来，我常常措手不及，有遭到袭击的感觉，哪里还有时间学习和思考！因此，我的学问和思想完全没有进步。其次，我当官的俸禄很少，远远不足以和亲戚交往，更不用说资助他们了，而且空余时间也少，因此，亲戚和我，和以前相比，疏远了不少。第三，因为公事繁忙，和朋友的交往少了，他们生病，甚至有亲人去世，我也无法去慰问，朋友们也越来越疏远了。"

孔子听了，不大高兴，就离开了。

某日，孔子到宓子贱当官的地方，向宓子贱问同样的问题。

宓子贱回答："自从我做官后，我没有觉得失去了什么。得到的么，倒是主要有三个方面。第一，我有机会把以前学到的思想和学问用于社会管理实践，在实践中验证、修正和完善，因此，我的思想和学问有了很大的进步,更加深广,更加切实。第二,我的俸禄虽少,但总还是有一些,可以接济困难的亲戚。因此,亲戚对我的亲情就更为丰富了,他们对我就更加亲切了。第三,公务尽管繁忙,但是,我勤奋,效率也高,还是能够抽得出一些时间用于社交的。朋友家有什么灾难病痛,甚至有亲人去世,我会及时去慰问。再说,我有了这个当官的身份,社交中,朋友就更加看重我,我和他们交往,他们会更加欢迎,效果更加好。因此,我当官以来,朋友就和我更加亲近了。"

孔子听了,非常高兴,赞扬道:"宓不齐啊,你真是个君子!真君子啊!我们鲁国君子多,在这样的环境下,你也成了君子。"

孔蔑和宓子贱都是孔子的学生,担任了几乎是同样的职务,当官的感受为什么有这样大的不同,甚至截然相反呢?他们至少有两大不同:第一,他们的行政能力不同。很明显,孔蔑的行政能力远远不足。而宓子贱的行政能力,对他担任的官职而言,是充分的,因此,他可以愉快胜任。孔蔑忙得没有时间学习和社交,但宓子贱还是有时间做这些的。第二,他们看待事物的态度和见解不同。孔蔑仅仅把当官理解为完成任务,而在宓子贱看来,当官不仅是完成任务而已,更是验证、修正、完善自己思想和学问的机会。他们拿同样的俸禄,孔蔑嫌其少,宓子贱则认为,虽然少,但毕竟比此前不当官宽裕一些。

卓越的行政能力,看待事物的独特见解和正确的态度,从哪里来?从学习和实践思考中来,当然,实践和思考也是学习的一部分。因此,《论语·子张》第13章中,子夏说:"仕而优则学,学而优则仕。"宓子贱就是如此。

图书在版编目（CIP）数据

乱世中的君子 / 赵杏根编著. — 上海：上海教育
出版社，2025.3. — ISBN 978-7-5720-3418-3

Ⅰ. B222.2-49

中国国家版本馆CIP数据核字第2025UJ7225号

责任编辑　李声凤

美术编辑　蒋　好

乱世中的君子
赵杏根　编著

出版发行	上海教育出版社有限公司
官　　网	www.seph.com.cn
地　　址	上海市闵行区号景路159弄C座
邮　　编	201101
印　　刷	苏州工业园区美柯乐制版印务有限责任公司
开　　本	890×1240　1/32　印张 9
字　　数	200 千字
版　　次	2025年4月第1版
印　　次	2025年4月第1次印刷
书　　号	ISBN 978-7-5720-3418-3/I·0199
定　　价	35.00 元

如发现质量问题，读者可向本社调换　电话：021-64373213